Die Stapostelle Erfurt
der heutige Landtag als Gestapositz

von Franca Schneider

Impressum:

Franca Schneider Kunstverlag e.K.
Konrad-Zuse-Str. 3
99099 Erfurt
Francaschneider79@gmail.com
HRA 3008 AG Jena
Str.-Nr. 151/270/00732

Herstellung und Verlag:
Printed in Germany
BoD – Books on Demand, Norderstedt
Umschlag und Satz:
Franca Schneider Kunstverlag e.K., Erfurt

ISBN 978–3–759–70314-9

Inhaltsverzeichnis:

1. Einführung

Der Name Gestapo wird wie keine andere Bezeichnung in der modernen Begriffswelt mit Angst, Überwachung und Unterdrückung in direktem Zusammenhang gebracht, ja als Synonym gebraucht. Die Geheime Staatspolizei wird als DAS Repressionsorgan des NS-Regimes verstanden. Zeitzeugen haben immer wieder die Allmacht der Gestapo beschrieben, die Geschichtsforschung und die beiden deutschen Gesellschaften nach 1945 wollten dies auch bereit willig glauben, und haben hier ihren Teil beigetragen. Erst zu Beginn der 1990er Jahre wurden neue Impulse, vor allen Dingen aus dem Ausland und von jüngeren Historikern gegeben, um eine breitere Forschung hinsichtlich der Gestapo zu ermöglichen. Daniel J. Goldhagen und die Wehrmachtsaustellung von 1995 lieferten auch hier den entscheidenden Beitrag. Es wurde schnell festgestellt, dass das Image des „Großen Bruders" zum großen Teil projiziert war und sich die Effektivität der Behörde aus der Denunziationsbereitschaft, besonders der unteren Schichten, ergab. In wie weit die Dinge in Erfurt liegen, wird die Forschung noch zu erkunden haben. Bis heute gibt es nur wenige Veröffentlichungen zum Thema und Forschungsmaterial zu erhalten, ist an Hindernisse geknüpft, die für einen Outsider der Historikerszene unmöglich sind zu überwinden. Aus diesem Grund kann sich dieser Beitrag erst mal nur mit Grundlagen auseinandersetzen, d.h. mit der Struktur der Behörde, dem Personalstand, der Verordnung im Beziehungsgeflecht der Thüringer und Erfurter Behörden, aber auch schon auf regionale Besonderheiten und Beispiele für die Arbeit eingehen.[1]

---

[1] Siehe Einleitung bei Mallmann/ Paul: Die Gestapo im zweiten Weltkrieg, S. 1- 8.

Forschungsstand

Die Zeit des Nationalsozialismus hat eine außergewöhnlich umfangreiche und breit gefächerte Forschungsleistung hervorgebracht. Die Themen von Widerstand und Verfolgung im Dritten Reich sind eine kaum noch überschaubare Literatur. Auch öffentliche Debatten und die Fachliteratur zur Gestapo sind überaus umfassend. Der Forschungsstand ist zufriedenstellend. Zur Thüringer Gestapo wurde bis jetzt keine Untersuchung vorgelegt. Das Thema ist Forschungsdesiderat. Es gibt aber Lokal- und Regionalstudien, Quelleneditionen zur Polizei im Nationalsozialismus und speziell zur Gestapo und mehrer jüngere Dissertationen. Zur Polizei in Thüringen im Nationalsozialismus existiert aber keine abgeschlossene Forschung. In der Literatur wird Thüringen nur ganz am Rande erwähnt. Die Gestapo-Forschung klammert Ostdeutschland aus, oder stützt sich auf problematische Literatur. Thüringer Archive werden von den Autoren fast gar nicht genutzt. Die Forschung wird aber in die Bildungsarbeit der Polizei eingebettet. Die Forschungsarbeit von Andreas Theo Schneider beinhaltet vor allen Dingen die Täterforschung. Die Arbeit ist eine Kollektivbiografie. So konnte bewiesen werden, dass fast unbekannte Mitarbeiter der Gestapo aus Thüringen an der Verfolgung und Massenvernichtung sowie an Kriegsverbrechen beteiligt waren. Dr. Rudolf Lange nahm als „erfahrener Praktiker" der Massenexekution an der Wannsee-Konferenz teil. Dr. Ludwig Hahn ist neben Jürgen Stroop als Hauptverantwortlicher für die Liquidierung des Warschauer Ghettos 1943 verantwortlich. Auch die Brüder Rolf und Hans Günther waren als enge Mitarbeiter Adolf Eichmanns im Judenreferat (IV B 4) des Reichssicherheitshauptamtes (RSHA) tätig.

Dabei kann als Forschungsfrage gestellt werden, dass der permanente Führungswechsel in der Geheimen Staatspolizei als Effekt der Rotation und Personalpolitik noch unbekannte Auswirkungen hatte.[2]

Quellenlage

Erst seit wenigen Jahren sind Quellen zugänglich, die erst seit diesem Zeitpunkt genutzt werden können, insbesondere die Akten der Abteilung IX/11 des Ministeriums für Staatssicherheit der DDR. Die Quellenlage ist höchst unbefriedigend und unübersichtlich. Gründe hierfür sind die unterschiedlichen Praktiken der verschiedenen Dienststellen der Gestapo in der Kriegsendphase, der Rückzug, Räumung, Verlegung, Evakuierung, und besonders die Behandlung und Vernichtung der umfangreichen Gestapo-Akten als potenzielle Primärquellen, die meisten Akten wurden im März / April 1945 vernichtet. Weiter liegen in verschiedenen Archiven Sachakten der Justiz, die über strafverfolgende Tätigkeiten Auskunft geben. Die Aktenbestände sind nur teilweise und unsystematisch überliefert, im Berlin Dokument Center, in Bundesarchiven, die Akten im Zwischenarchiv Dahlwitz-Hoppegarten sind Quellen die erst seit wenigen Jahren intensiv genutzt werden können und im Thüringisches Hauptstaatsarchiv in Weimar. Die Suche im Sonderarchiv Moskau war erfolglos. Weiteres liegt im Archiv der Gedenkstätte Buchenwald, und anderen Archiven. [3]

Quellenkritik

Es sind wenige Primärquellen überliefert. Als Sekundärquellen sind die Akten typisch zersplittert und bedürfen besonderer Betrachtung. Quellen sind die Lageberichte der Gestapo Weimar und Erfurt, Tagesberichte, Monatsberichte, auch Wochenberichte. Sie beruhen

---

[2]   Schneider, S. 9-18
[3]   Schneider, S. 18-20

auf verschiedenen Informationsquellen. Sie waren die übliche Berichterstattung an die vorgesetzte Dienststelle in Berlin. Lageberichte, obwohl unüblich, sind in Erfurt weiter präsent, deshalb sind sie mit größerer Vorsicht zu verwenden. Es muss festgestellt werden, dass sie in der Forschung deshalb kaum Einfluss haben. Weiter gibt es die Lageberichte der Justiz. Sie dienten dem Zweck, vorgesetzte Justizbehörde zu berichten. Sie sind ein weit verzweigtes Berichtswesen. Den Berichten liegen Akten zugrunde, die als objektivierende Quellen herangezogen werden können. Weiteres sind Häftlingsberichte. Das ist eine besondere Quellengattung, die entscheidend das Nachkriegsbild der Gestapo geprägt hat. Die bisherige Forschung hat sich ausführlich darauf bezogen. Weiteres sind die Vernehmungsprotokolle der Gestapo und der Justiz. Diese sind besonders kritisch zu bewerten, können sie doch durch Methoden der Gestapo durch Androhung von Gewalt und Folter entstanden sein. Sie haben keine zeitliche Einordnung, beziehen sich aber auf konkrete Ereignisse. Sie vertuschen die Wahrheit, sind als Quellen aber unverzichtbar. Anderes sind die Gefangenenakten eines Strafgefängnisses. Sie sind eine wichtige Informationsquellen, dabei ist der Quellengehalt sehr unterschiedlich. In ihnen stehen unerwartete Informationen. In der historischen Forschung sind sie selten betrachtete Quellen. Zusätzlich gibt es die Anklageschriften der Staatsanwaltschaften und Gerichtsurteile. Diese sind mit großer Sorgfalt zu interpretieren. Eine eigene Kategorie sind die Protokolle von Vernehmungen nach 1945. Sie sind nach Sinn und Zweck der Erstellung zu interpretieren und sehr quellenkritisch zu sehen. Viele juristisch arbeitende Personen sind auf Erinnerungen angewiesen. Es kommt aber in den Protokollen zu kampagnenartiger Aufruf an potenzielle Opfer und diese werden als Ergebnisse in ein Verfahren übernommen. Auf diese Weise können sich in Nachkriegsschilderungen subjektive Sichtweisen und Fehler einschleichen.[4]

---

[4]   Schneider, S. 21-25

2. Die Entstehung und allgemeine Bedeutung der Gestapo im NS-Staat

Die Gestapo führte organisatorisch, personell, polizeitaktisch und in seiner Feindbildorientierung den Habitus der Politischen Polizei der Weimarer Republik, besonders der in Preußen weiter. Schon die Zentralisierung 1936 durch Himmler war ein Plan des SPD Innenministers Carl Severing gewesen. Für die politische Polizei war deshalb der „Preußenschlag"[5] im Juli 1932 durch das Reichskabinett von Papen viel bedeutender als Hitlers Machterhalt ein halbes Jahr später. Denn nun wurden die Führungsebenen im preußischen Flickenteppich ‚gesäubert', die Beobachtung der zukünftigen Gegner eingeführt und auch in den anderen Ländern des Reiches die politische Änderung nach rechts vorgenommen.[6]

Von Mai 1933 bis Juni 1936 wurde die Entstehung der Gestapo durch drei Gesetzte vorangetrieben. Sie gaben die rechtlichen Grundlagen, um die neue Sonderbehörde in einem „rechtsfreien Raum staatlichen Handels"[7] zu etablieren, sie gegen die Justiz abzuschotten und ihre „Herauslösung (...) aus (...) der inneren Verwaltung" umzusetzen[8]. Der Zuspruch von Sonderkompetenz, u.a. um die Schutzhaft und die Ernennung Himmlers als Politischen Polizeikommandeur aller Länder beendete nicht nur die ‚unordentlichen' Verhältnisse, welche die Methoden der SA mit sich gebracht hatten, sondern führte auch zur Verschmelzung von Polizei und SS zu einem „Staatsschutzkorps".

---

[5]   Wilhelm, S. 32ff., Graf, S. 49ff.

[6]   Siehe Zusammenfassung bei Mallmann/Paul: S.599f., Butler, S. 13ff.

[7]   Jede Maßnahme, die die Organisation der Verwaltung betraf oder ihr Handeln regelte wurde als formaljuristisch korrektes Gesetz oder Verordnung erlassen, in zahlreichen Fällen wurde politisches Handeln auch erst nachträglich und rückwirkend legalisiert. FHSVR, S. 18

[8]   Mallmann/Paul: S. 600.

Dessen eigenständige, und völlig frei definierbaren Aufgaben waren deshalb *„alle staatsgefährlichen Bestrebungen im gesamten Staatsgebiet zu erforschen und zu bekämpfen"*. Mit Ende der Transformationsprozesse 1936/37[9] wurde die Aufgabe der politischen Polizei zudem durch Dr. Werner Best als *„völkische Polizei"* definiert, was hieß, dass *„der ‚politische Totalitätsgrundsatz' des Nationalsozialismus (...) , keine politische Willensbildung, die sich nicht der Gesamtwillensbildung einfügt (dulde). Jeder Versuch, eine andere politische Auffassung durchzusetzen oder auch nur aufrechtzuerhalten, wird als Krankheitserscheinung, die die gesunde Einheit des unteilbaren Volksorganismus bedroht, ohne Rücksicht auf das subjektive Wollen seiner Träger ausgemerzt.'"* Best's Definition der Politischen Polizei lautet damit folgend: *„... als eine Einrichtung, die den politischen Gesundheitszustand des deutschen Volkskörpers sorgfältig überwacht, jedes Krankheitssymptom rechtzeitig erkennt und die Zerstörungskeime ... feststellt und mit jedem geeigneten Mittel beseitigt."* [10]

Von der Forschung wird zwar behauptet, dass Verwaltung nicht spezifisch nationalsozialistisch war, da sie in den alten Häusern und Ministerien arbeiteten und auch die Bindung an den Beruf und die üblichen Karrierewünsche, die die meisten Verwaltungsmitarbeiter zur Anpassung an das neue System bewogen, eher bürgerlich waren. „Gleichwohl war die Existenz einer ordentlich und effektiv arbeitenden Verwaltung eine notwendige Voraussetzung für den Bestand des NS-Staates."[11] Die Verwaltung war die bürgerliche Seite des nationalsozialistischen Staates: Bürgerliche Tüchtigkeit,

---

9

[9]	Wilhelm, S. 37ff.
[10]	Mallman/Paul, S. 601, 604f., 607, 613.
[11]	FHSVR, S. 10

bürgerliches Denken, bürgerliche Tugenden im Dienste der NS-Herrschaft. Die Tugenden des Berufsbeamtentums des deutschen Staates, kulminiert in Preußen und in der Weimarer Republik, bewirkte mit Effizienz und Kreativität, persönlichem Einsatz und Dienst an der Sache, dass der Krieg vorbereitet, geführt und des zur Entrechtung und Vernichtung von Millionen von Deutschen und ausländischen Bürgern kommen konnte. Es waren nicht die Schwächen, sondern sie Stärken der deutschen Beamtentradition, die Bestand und Wirkung des NS-Staates und der Gestapo ermöglicht haben.[12]

Zur Bedeutung der Gestapo ist festzustellen, dass der einzelne Beamte einen – eigentlich nicht vorhandenen – Ermessensspielraum bei Veraltungsvorgängen ausnutzen und so innerhalb eines unmenschlichen Herrschaftssystems „menschliche Züge" zeigen konnte. Diese Züge wurden in Thüringen aber gänzlich vergessen und auch hier während der gesamten Zeit nicht angewendet.[13]

---

[12]   FHSR, S. 11, Giles, S. 3f.
[13]   FHSVR, S. 29

3. Die Bildung der Geheimen Staatspolizeistelle Erfurt 1933[14]

Mit dem Erlass des Ministerpräsidenten und Innenministers für Preußen, Göring[15] über die *„Neuorganisation der politischen Polizei"* vom 26. April 1933 traten auch bei der Regierung Erfurt Veränderungen ein. In dem Runderlass des Innenministers wurde verfügt, dass für jeden Regierungsbezirk eine Staatspolizeistelle einzurichten ist, damit auch für den Regierungsbezirk Erfurt in der preußischen Provinz Sachsen. Nach Reichsbeschluss und den Organisationsplänen der Regierung in Erfurt wurden die Aufgaben der Staatspolizeistelle durch die politische Abteilung der Regierung in Erfurt übernommen und unter der Abteilung 1, der allgemeinen Abteilung, als *„die der Regierung angegliederten Behörden"* geführt[16]. Die Leitung der Staatspolizeistelle wurde dem politischen Beamten der Regierung, Regierungsrat Alexander Orgler, übertragen. Von seinen Aufgaben als politischer Sachbearbeiter der Regierung und ständiger Beamter der Staatsanwaltschaft in Dienststrafsachen wurde Regierungsrat Orgler nicht entbunden[17]. Auf diese Weise

---

[14]   Nach Michael Hawel

[15]   Nach der Machtübernahme der Nationalsozialisten war Göring von April 1933 bis Mai 1945 preußischer Ministerpräsident und von April 1933 bis Mai 1934 preußischer Innenminister. Beim Aufbau des nationalsozialistischen Regimes spielte Göring, dem als preußischem Innenminister der gesamte preußische Polizeiapparat unterstand, eine entscheidende Rolle. Nach: „Göring, Hermann," Microsoft® Encarta® Enzyklopädie 2000.

Bis Ende 1933 erfolgte unter der Leitung Heinrich Himmlers die Gleichschaltung aller Landespolizeiämter mit Ausnahme des preußischen; im April 1934 übernahm Himmler auch den Befehl über die politische Polizei Preußens und ernannte Reinhard Heydrich zum Leiter der preußischen Gestapo, die auch für die politischen Polizeien der anderen Länder verbindliche Anordnungen traf. Nach: Gestapo," Microsoft® Encarta® Enzyklopädie 2000.

[16]   StAG.; Sig. Rd. 1, Ministerialblatt f. d. Preuß. Innere Verwaltung 1933, S. 503, StAG.; Regierung Erfurt, Präsidialbüro, Sig. 30650

[17]   StAG.; Regierung Erfurt, Präsidialbüro, Sig. 30650

war die Geheime Staatspolizeistelle Erfurt zunächst ein Teil der Regierung Erfurt.

Wie auch vorgeschrieben, war die Staatspolizeistelle in ihrem Bezirk Hilfsorgan des Geheimen Staatspolizeiamtes in Berlin und nahm die Aufgaben der bisherigen Landeskriminalpolizeistelle für die politische Polizei wahr, d.h. sie war sowohl Staats- als auch Landesbehörde. Zur Gewährleistung einer engen Zusammenarbeit sollte die Leitung der Staatspolizeistelle *„entsprechend vorgebildeten Beamten"* übertragen werden.[18] Aus diesem Grund war auch der Stellvertreter für die Leitung der Staatspolizeistelle aus der Landespolizei zugeteilt wurde. Dies war 1933 der Kriminalkommissar Boenning vom Polizeipräsidium Erfurt[19].

Regierungsrat Orgler war als höherer Regierungsbeamter, nicht nur für die Verwaltung und Organisation der Staatspolizeistelle verantwortlich. Das zeigt ein Schreiben vom 25. Oktober 1933 an das Geheime Staatspolizeiamt in Berlin, welches durch den Regierungsrat Orgler unterzeichnet wurde. In diesem Schreiben, betreffend *„Reaktionäre Umtriebe"* wurden zwei Betriebe in Erfurt Nord einer *„besonderen Kontrolle"* unterzogen. Grund waren die Inhaber, die durch ihr passives Verhalten Anordnungen der Deutschen Arbeitsfront angeblich sabotierten. Weiterhin wurden 3 Arbeiter, die *„ noch ganz offen für den Marxismus werben konnten"*, in Schutzhaft genommen. Dieses Schreiben zeigt die Methode der Geheimen Staatspolizei. *„Auf Grund verschiedener hier eingegangener Mitteilungen..."* wurde eine Kontrolle durchgeführt. Zunächst wurden also Informationen gesammelt und gewertet. Woher diese kamen, war nicht wichtig. Danach die Kontrolle, der Abgleich von Soll und Ist. Wie zu erkennen ist, wurde diese bereits auf Grundlage

---

[18]   StAG.; Sig. Rd. 1, Ministerialblatt f. d. Preuß. Innere Verwaltung 1933, S. 503

[19]   StAG.; Regierung Erfurt, Präsidialbüro, Sig. 30650

„eingegangener Mitteilungen" und nicht auf Grund eigener Ermittlungen durchgeführt. Auf diesem Weg wurde Denunziation möglich und gefördert. Bei dieser Kontrolle wurde festgestellt, daß *„ bisher nur 2 Arbeiter in der Deutschen Arbeitsfront organisiert waren."* Dieser Umstand wurde *„ auf das Verhalten des Inhabers..."* zurückgeführt. Er habe *„ alle Anordnungen der Deutschen Arbeitsfront durch sein vollkommen passives Verhalten sabotiert."* Nach Ansicht der Geheimen Staatspolizei war es nur so möglich, *„... daß 3 besonders hetzerisch veranlagte Arbeiter in dem Betriebe noch ganz offen für den Marxismus werben konnten."* Aufgrund dieser Feststellungen der Geheimen Staatspolizei wurden jetzt Maßnahmen gegen die betreffenden Personen eingeleitet. Die 3 Arbeiter wurden in Schutzhaft genommen. Dem Inhaber wurde diese angedroht, *„ sofern er weiterhin durch sein passives Verhalten zu einer Sabotage der regierungsseitigen Anordnungen beitragen sollte."* [20]

Im November 1933 schied Regierungsrat Orgler, der Verfasser dieses Schreibens, aus der Regierung Erfurt aus. Er wurde am 21. November 1933 nach Wuppertal versetzt[21]. Der neue ‚politische Beamte der Regierung' war Regierungsrat Dr. Coester, der somit auch die Leitung der Staatspolizeistelle von Orgler übernahm, die erst zu Beginn des Rechnungsjahres 1934 aus der Organisation der Bezirksregierung herausgelöst und zur eigenständigen Behörde des Geheimen Staatspolizeiamtes bestimmt wurde. Mit der Leitung sollte ein höherer Beamter betraut werden, dem das erforderliche Personal für den Innen- und Außendienst zur Verfügung zu stellen war. Die politischen Abteilungen der Regierung galten vom 1.4.1934 als aufgelöst und deren Aufgaben waren durch die Staatspolizeistellen wahrzunehmen. Zeitgleich zur Ernennung

---

[20]   StAG., Regierung Erfurt, Präsidialbüro, Sig. 10962, Bl. 73
[21]   StAG, Regierung Erfurt, Präsidialbüro, Sig. 30650

Reinhard Heydrich zum Leiter der preußischen Gestapo durch Himmler war die Staatspolizeistelle in Erfurt eine selbständige Behörde geworden.

Die personelle Besetzung der Führungsebene der Staatspolizeistelle Erfurt blieb, trotz der ‚Herauslösung' aus der Regierung, unverändert, denn *„soweit die Leitung der Staatspolizeistelle durch einen Beamten wahrgenommen wird, der nicht ausschließlich mit solchen Aufgaben betraut ist, sondern daneben noch andere Aufgaben zu erfüllen hat [...], verbleibt es hierbei vorläufig auch über den 1.4.1934 hinaus"* [22]. Der bei der Regierung in Abteilung 1 tätige Regierungsrat Dr. Coester war damit Leiter der Staatspolizeistelle Erfurt, als eigenständige Behörde, geworden.[23]

Die Gestapo hatte verschiedene Entwicklungsphasen während des Dritten Reiches.

Phase 1 war die Frühphase 1933. Noch vor der offiziellen Gründung der Geheimen Staatspolizei kam es zur Unterstützung der Politischen Polizei durch Hilfspolizisten, überwiegend aus der SA und der Freiwilligen Feuerwehr[24], zu ersten großen Verhaftungsaktionen, insbesondere gegen Kommunisten.

Phase 2 war die Gründungs- und Konsolidierungsphase 1934-36. Diese Zeit reicht von der Gründung der Gestapo bis zur Verreichlichung. In dieser Zeit wurde die Verfolgung unter Leitung der Gestapo systematisiert. Es wurde sich auf die Verfolgung der politischen Linken und des religiösen Widerstandes konzentriert. Diese Zeit war die Auf – und Ausbau der Verwaltungsstruktur.

---

[22]   StAG.; Sig. Rd. 1, Ministerialblatt f. d. Innere Verwaltung 1934, S. 471

[23]   Schneider, S. 62ff, hier ist nicht ersichtlich, ob Herr Schneider den Text aus meiner Arbeit, die ich ihm vor 10 Jahren überlassen habe, übernommen hat oder aus der Diplomarbeit des Polizisten Michael Hawel, dessen Notizen ich einsehen konnte und erhalten habe, die jedoch im Lauf der Jahre auf meiner ersten Festplatte durch einen Virus verloren gingen

[24]   STA Erfurt, Thüringer Allgemeine 1933, Mikrofilm.

Phase 3 ist die Phase der politisch-rassischen Konzeptualisierung von 1936-39. Sie reicht von der Verreichlichung bis zum Kriegsbeginn. Es wurde die Verfolgung der Juden in Thüringen ausgeweitet und es gab eine verstärkte Verfolgung von Arbeitsscheuen und Kriminellen. Es erfolgte die Verzahnung der Gestapo und Kripo (Sicherheitspolizei) und der weitere personeller Ausbau.

Phase 4 ist die erste Kriegsphase 1939-41. Die Zeit reicht von Kriegsbeginn bis zur Suspendierung der Staatspolizei Erfurt als eine unmittelbar kriegsvorbereitende Maßnahme. Die Zeit kann mit der Beteiligung von Gestapo-Mitarbeitern am auswärtigen Einsatz charakterisiert werden. Es erfolgte die vermehrte Einstellung von Aushilfspersonal.

Phase 5 ist die zweite Kriegsphase 1941-1944. Sie handelt vom Überfall auf die Sowjetunion bis zur Rückkehr der Kriegsfront nach Deutschland.

Phase 6 ist die Kriegsendphase 1944-1945. Es erfolgte die Einrichtung der KdS-Dienststellen an der Heimatfront, Kriegsendphasenverbrechen und die Absetzung der regionalen und lokalen Gestapo-Dienststellen.[25]

---

[25] Schneider, S. 32.

4. *Die Leiter der Staatspolizeistelle Erfurt seit 1933*[26]

Ein Behördenleiter ist Träger der gesamten Entscheidungen in seinem Bereich. Er hat die Verantwortung für die Durchführung der Entscheidungen auf seiner Ebene[27]. Die Leiter der Staatspolizeistelle Erfurt wechselten im Zeitraum von 1933 bis 1942 neunmal. Das heißt, dass jeder im Durchschnitt ein Jahr lang mit der Leitung der Staatspolizeistelle Erfurt betraut war.

Regierungsrat und Kriminalkommissar Alexander Orgler war der erste Leiter der Staatspolizeistelle Erfurt. Seine Aufgabe war die Umsetzung des Runderlasses Görings über die Neuorganisation der politischen Polizei. Er führte die Dienststelle vom 26.April 1933 bis 21.November 1933 für neun Monate. Nach seiner Zeit in Erfurt wurde er nach Wuppertal versetzt, vermutlich aus privaten Gründen. Alexander Orgler wurde am 8. Oktober 1894 in Stolberg, Landkreis Aachen geboren. Sein Vater war Hüttendirektor. Nach dem Erwerb des Abiturs und dem erfolgreichen Abschluss des Jurastudiums war Orgler im Justizdienst. 1922 begann er seine Tätigkeit als staatlicher Hilfsarbeiter beim Landratsamt Neuwied. Im Jahr 1924 übertrug man ihm vertretungsweise die Verwaltung des Landkreises Koblenz. Im gleichen Jahr wurde er zur Regierung nach Oppeln überwiesen. Der preußische Staat übernahm Orgler in die innere Verwaltung und versetzte ihn an die staatliche Polizeiverwaltung Gleiwitz-Beuthen-Hindenburg. Seit dem 13.September 1926 arbeitet er bei der staatlichen Polizeiverwaltung Oberhausen als Leiter der Abteilung für materielles Polizeirecht. 1927 wurde er zum Regierungsrat ernannt und übernahm als Leiter das Polizeiamt Hamborn

---

[26]   Nach Michael Hawel
[27]   Altmann/Berndt, Grundriß der Führungslehre 2, 3. Aufl., S 155

(Polizeiverwaltung Duisburg). Als diese 1931 aufgelöst wurde, wurde Orgler in die allgemeine Verwaltung übernommen und zur Regierung Arnsberg (Mitglied des Bezirksausschusses, Beamter der Staatsanwaltschaft) versetzt. Mit Wirkung vom 1. Februar 1933 kam er zur Regierung Erfurt. Bis zu diesem Zeitpunkt hatte Orgler keiner Partei angehört. Am 1. April 1933 meldete er sich bei der NSDAP an. 1933 wurde Orgler zum Oberregierungsrat ernannt. Am 1. Januar 194 übernahm er die Stelle des stellvertretenden Polizeipräsidenten beim Polizeipräsidium Wuppertal. Im März 1934 verbreitete sich in Wuppertal das Gerücht Orgler habe vor 1933 der SPD sehr nahe gestanden. Orgler konnte die Vorwürfe entkräften, wurde aber wieder als ständiger Vertreter des Polizeipräsidenten an das Polizeipräsidium Gleiwitz versetzt. 1937 kam seine frühere Zugehörigkeit zur 1933 verbotenen Männergemeinschaft „Schlaraffia" heraus, der er von 1926 bis 1931 als Oberschlaraffe in führender Stellung angehört hatte. Er wurde zwar nicht entlassen, aber seine Karriere war zu Ende. Für die Gestapo arbeitete er nur in Erfurt. [28]

Sein Nachfolger wurde Regierungsrat Dr. Friedrich Coester[29]. Dieser hatte die Staatspolizeistelle Erfurt als selbständige Behörde zu errichten. Grundlage war der Organisationserlass von 1934. In diesem wurden die Staatspolizeistellen aus ihrem organisatorischen Zusammenhang mit der Regierung herausgelöst und zu selbständigen Behörden bestellt. Mit Erlass vom 5. September 1934 (–Z.1512-) wurde Dr. Coester abgelöst. Er war von 08.11.1933 bis 06.02.1934 tätig. Coester wurde am September 1893 in Eschwege geboren. Als Frontkämpfer nahm er von 1914 bis 1918 am I. WK teil. Er

---

[28]   Schneider, S. 132.
[29]   StAG, Sig. Rd 1, Ministerialblatt für die Preußische Innere Verwaltung, S. 503ff

gehörte kurzzeitig 1919 der DVP an. Sein Studium des Faches Jura bestand er am 17. Dezember 1921 mit der ersten juristischen Staatsprüfung. Danach war er als Gerichtsreferendar am Oberlandesgericht in Kassel tätig und wurde 1922 zum Regierungsreferendar ernannt. Die Große Staatsprüfung bestand er am 11. Oktober 1924. Von 1924-196 arbeitet er als Regierungsassessor beim Landratsamt des Kreises Usedom-Wollin in Swinemünde. Danach (1926-1931) war er als Referent bei der Regierung in Oppeln (seit 1929 als Regierungsrat) eingesetzt. Seit 1. Oktober 1931 war er bei der Regierung in Erfurt zunächst beim Oberversicherungsamt, dann mit externen Schulangelegenheiten und zuletzt als Polizeidezernent beschäftigt. Kommissarisch verwaltete er 1933 die Landratsämter in Meseritz und Schlochau (Regierung Schneidemühl). Coester hatte die NSDAP-Mitgliedschaft 1933 beantragt. Er gehörte aber schon seit 1932 dem Opferring der NSDAP ab. In Erfurt arbeitete er als Leitung sowohl des Polzeidezernats als auch der Staatspolizeistelle Erfurt. Bereits 1934 versetzt man Coester als Landrat nach Gardelegen. Am 25. Januar 1940 berief man Coester – Oberleutnant der Reserve – zum Wehrdienst ein. Im gleichen Jahr erfolgte die Ernennung zum Oberregierungsrat und er wurde zur Regierung nach Potsdam versetzt. Coester war nur drei Monate Gestapo-Chef in Erfurt, eine weitere Gestapo-Karriere blieb ihm versagt. [30]

Nach ihm wurde Regierungsassessor Dr. Hans Fischer Leiter der Staatspolizeistelle Erfurt. Er wurde zum 1. Oktober 1934 hierhin versetzt[31]. Fischer kam aus der Regierung Erfurt, dort war er als politischer und Polizeidezernent tätig. Die Geschäfte des ‚politischen Beamten der Regierung' hatte er auch als Leiter der Staatspolizeistelle wahrzunehmen. *„Durch*

---

[30]   Schneider, S. 133f.

[31]   StAG, Sig. Rd 1, Ministerialblatt für die Innere Verwaltung 1934, S. 471

Verfügung der Preussischen Geheimen Staatspolizei vom 13.April 1935 –1202/35-I E- ist der Leiter der Staatspolizeistelle Erfurt, Regierungsassessor Dr. Fischer, zur Staatspolizeistelle Recklinghausen versetzt worden.".

Über Dr. Fischer ist noch einiges mehr zu sagen, seit 1928 ist er in Erfurt gemeldet, und war hier in der Steigerstr. 29, III. Etage wohnhaft.[32] Dr. Fischer ist 1933 in den Dienst der Gestapo getreten. Er wurde am 21. August 1906 in Rottenbach/Thüringen geboren. Im Jahr 1926 machte er sein Abitur und begann ein Jura-Studium in Jena, Halle und Königsberg, worauf er 1930 sein I. Staatsexamen machte, im Jahr 1933 folgte das II. Während seiner Studienzeit war Fischer Mitglied in der Kooperation „Vertreter Vonvent (V.C.) im Verband der Turnerschaft der deutschen Hochschulen, Turnerschaft Salia. Fischer war alter Kämpfer. am 1. Mai 1932 trat er der NSDAP bei (Mitglieds-Nr. 1.187.881), um als SS-Mann (Mitglieds-Nr. 29.627) aufgenommen zu werden, was auch am 15. Juli 1932 erfolgte. Während seiner Zeit als Mitarbeiter und Leiter der Stapostelle Erfurt nahm seine SS-Karriere einen steilen Anstieg, innerhalb kurzer Zeit wurde er zum Untersturmführer befördert. Er war zu dieser Zeit 28 Jahre alt. Im Jahr 1935 trat er nicht nur aus der evangelischen Kirche aus, sondern wurde auch als Leiter nach Recklinghausen und wenig später nach Münster versetzt, in gleicher Funktion war er auch in Königsberg, Breslau und Reval tätig. Am 28. Juli 1938 wurde er als Oberregierungsrat benannt. Im September 199 wurde er als SS-Obersturmbannführer Leiter der Einsatzgruppe III. Die weiteren dienstlichen Verwendungen waren, 1940 Inspekteur der Sicherheitspolizei und des SD in Wien, 1941 Inspekteur der Sicherheitspolizei und des SD in Stuttgart, gleichzeitig

---

[32]   Einwohnermeldebuch 1926, 1928, 1933. Leider ist die Ausgabe von 1927 nicht erhalten.

Befehlshaber der Sicherheitspolizei und des SD in Straßburg und zum Oberst der Polizei befördert, Inspekteur der Sicherheitspolizei und des Sicherheitsdienstes (IdS) in Berlin. Noch am 12. April 1944 wurde er zum Inspekteur der Schulen der Sicherheitspolizei und des SD ernannt.Dr. Hans Fischer war hoch dekoriert, er trug das Eiserne Kreuz II. Klasse, das Kriegsverdienstkreuz I. Klasse mit Schwertern, das Kriegsverdienstkreuz II. Klasse mit Schwertern, das SA-Sportabzeichen in Bronze, den Ehrendegen des Reichsführers SS und den Totenkopfring der SS.[33] [34]

Zu Beginn des Krieges 1939 erhielt Dr. Fischer, der inzwischen als Leiter der Stapostelle in Breslau tätig war, das Kommando über die Einsatzgruppe III, welcher der 8. Armee unter General von Blaskowitz während des Feldzuges durch Polen nachfolgte. Der Nachzug aller fünf Einsatzgruppen hinter den fünf Armeen des Polenfeldzuges wurde unter dem Decknamen „Unternehmen Tannenberg" durchgeführt.[35] In einer Meldung der Einsatzgruppe vom 6. September zeigte sie an, dass sie durch Kempen marschiert waren, und sie hier 200 lebende Juden vorgefunden hatte, ¾ waren geflohen. Für die restlichen setzte Dr. Fischer einen jüdischen Kommissar ein. *„Der Stab der Einsatzgruppe III (...) marschieret von Breslau über Kempen, Kalisch und am 7. September nach Lodz, wo sie drei Tage später eintraf."*[36] Aber nicht nur in Polen zu Beginn des Krieges war Dr. Fischer gegen jüdische Bevölkerung aktiv. Als Vertreter der Militärverwaltung in Italien organisierte er die Verfolgung der Juden in Verona mit. Diese

---

[33]   Bernd Hey: Zur Geschichte der westfälischen Staatspolizeistellen und der Gestapo, in: Westfälische Forschungen, Band 37 1987, S. 58 – 90., auch: Mallmann/Paul: S. 19.
[34]   Schneider, S. 134f.
[35]   Nach Mallmann/Paul sind die Meldungen der Einsatzgruppen in einem Sonderreferat des Hauptamtes der Sicherheitspolizei unter diesem Namen gesammelt. S. 24f., siehe auch S. 295f.
[36]   Mallmann/Paul, S. 24.

Aufgabe hatte sich die Sicherheitspolizei unter Dr. Martin Sandberger vorgenommen. Sandberger erstatte Fischer Bericht, wie die Aktionen im Rahmen der vom RF-SS befohlenen, voranschritten.[37]

Somit wurde jetzt in Erfurt ein neuer Leiter für die Staatspolizeistelle und ein neuer politischer Dezernent für die Regierung benötigt. Der neue Leiter der Staatspolizeistelle Erfurt wurde Gerichtsassessor Dr. Erich Isselhorst. Diesem wurden am 15. Mai 1935 auch die Geschäfte des ‚politischen Beamten der Regierung' Erfurt übertragen. Somit war Dr. Isselhorst Leiter der Staatspolizeistelle Erfurt und Dezernent für die politischen und Polizeiangelegenheiten der Regierung.

Diesem Zustand wurde am 16. Juli 1935 durch ein Schreiben des Reichs- und Preußischen Minister des Inneren abgeholfen. Darin wird erklärt, dass Dr. Isselhorst neben der Leitung der Staatspolizeistelle Erfurt lediglich *„die rein politischen Angelegenheiten der Regierung"* übernehmen könne[38]. Seine Tätigkeit wurde nun also stärker eingegrenzt. Als Leiter der Staatspolizeistelle Erfurt war Isselhorst 1935 bereits an den Planungsgesprächen zum Regierungsneubau Erfurt beteiligt[39]. Wahrscheinlich im Herbst 1936 wurde Dr. Isselhorst als Leiter der Staatspolizeistelle abgelöst und war danach ausschließlich für die Regierung tätig. Dafür spricht ein Geschäftsverteilungsplan der Regierung vom 26. Oktober 1936, in dem Isselhorst mit den Angelegenheiten des Geschäftsbetriebes der Regierung beauftragt ist[40]. Dr. Erich Isselhorst, Jahrgang 1906, geboren in St. Avold (Lothringen), studierte bis 1931 Jura in Köln und schloss dieses mit der Promotion ab. Er war als Gerichtsassessor tätig und

---

[37]   Mallmann/Paul, S. 531f.

[38]   StAG, Regierung Erfurt, Präsidialbüro, Sig. 27487

[39]   StAG, Regierung Erfurt, Hochbauverwaltung, Sig. 26786

[40]   StAG, Regierung Erfurt, Präsidialbüro, Sig. 30650

praktizierte anschließend als Rechtsanwalt. Dabei soll er sich auf die Verteidigung von NSDAP-Mitgliedern spezialisiert haben. Isselhorst trat 1932 während des Referendariats der NSDAP bei und wurde 1934 Mitglied der SS. In den SD wurde am 15. Juli 1935 aufgenommen. Im Februar 1935 trat er in das Geheime Staatspolizeiamt Berlin ein. Nach seiner Zeit in Erfurt, war er fast vier Jahre von 1936-1939 Leiter der Staatspolizeistelle Köln, wobei er zwischenzeitlich 1938 als Leiter der Staatspolizeistelle Klagenfurt eingesetzt war. Von 1939-1942 war er Leiter der Staatspolizeistelle München. Von Februar 1942 bis November 1942 war Isselhorst Leiter der Abteilungen I und II der Einsatzgruppe B in Smolensk und auch der Befehlshaber des Einsatzkommandos 8 der Einsatzgruppe B. Danach bis August 1943 war er Leiter des EK 1 der Einsatzgruppe A (BdS Ostland in Riga) und Kommandeur der Sicherheitspolizei und des SD in Weiß-Ruthenien. Im Januar 1944 wurde Isselhorst BdS in Straßburg und IdS im Wehrkreis V in Stuttgart. Von Januar 1945 bis April 1945 hatte er eine Tätigkeit in der Abteilung IV (Gestapo) des RSHA.[41]

Der neue Leiter der Staatspolizeistelle Erfurt war Gerichtsassessor Willy Thorn. Für diesen als Leiter der Staatspolizeistelle und für den Wechsel im Herbst 1936 spricht ein Schreiben an Regierungsoberbaurat Masur vom 9. November 1936. In diesem wird durch Thorn die Unterbringung der Staatspolizei *„in dem neu zu errichtenden Behördenhaus"*[42] erbeten. Willy Thorn, Jahrgang 1903, war vom 09.11.1936 bis 197 Leiter der Staatspolizeistelle Erfurt, andere Quellen sagen bereits ab 1935. Er bestand 1921 das Abitur in Frankfurt/Main und studierte Rechtswissenschaften in Frankfurt, München und Kiel. 1927 legte er die erste

---

[41]   Schneider, S. 135f.
[42]   StAG, Regierung Erfurt, Hochbauverwaltung, Sig. 26786

Staatsprüfung in Kiel ab und bestand 1931 das Assessorexamen in Berlin. Thorn war als Mitglied der NSDAP (Mitglieds-Nr. 925.836) alter Kämpfer. Ab 15. Mai 1934 war er als Rechtsberater der Gaurechtsberaterstelle der Deutschen Arbeitsfront (DAF) in Frankfurt / Main tätig. Zum 1. Oktober 195 trat Willy Thorn seinen Dienst beim Geheimen Staatspolizeiamt Berlin an. Von 1936-37 besuchte er den Lehrgang in der Schule des SD in Berlin-Grunewald. 1936 trat er aus der evangelischen Kirche aus. In diesem Jahr wurde er auch in die SS (Mitglieds-Nr. 272.409) als SS-Mann aufgenommen und gleich zum SS-Scharführer befördert. Im Mai 1937 erfüllte er einen Sonderauftrag für die Abteilung IV des Reichsinnenministeriums am Rhein. Kurz darauf erfolgte seine Versetzung an das Landratsamt in Laubern (Schlesien) im Regierungsbezirk Liegnitz. Zum 11. April 1938 wurde er zur Sicherheitspolizei zurückversetzt und zur Statspolizeistelle Wien abgeordnet. Kurz darauf erfolgte seine Versetzung zum Geheimen Staatspolizeiamt Berlin (zuerst Referat SV 2 und später SV 8 des Hauptamtes Sicherheitspolizei) 1940 war er im RSHA (IA4a) und IAa (Reichsverteidigung) als Referatsleiter tätig. Ab 7.5. 1943 wechselte Thorn in das Amt III (SD-Inland) des RSHA. Er vertrat nach dem Krieg, noch im Oktober 1966, als Rechtsanwalt in Diez Ehemalige in 131-Verfahren.[43]

Nach Thorn wurde Regierungsassessor Walter Hammer Leiter der Staatspolizeistelle Erfurt. Dieser Wechsel vollzog sich wahrscheinlich im Herbst 1937. Diese Annahme wird dadurch bekräftigt, dass die Mehrheit der vorangegangenen Wechsel ebenfalls im Herbst stattfand. Weiterhin war Hammer noch im Juni 1937 Stellvertreter des Leiters der Staatspolizeistelle Erfurt. Dies geht aus dem vorliegenden

---

[43]   Schneider, S. 136

Geschäftsverteilungsplan des Jahres 1937 hervor[44]. Im Staatshandbuch Preußen von 1938 ist Hammer noch als Leiter der Staatspolizeistelle Erfurt verzeichnet[45]. Dr. Walter Hammer wurde 1907 in Hagen/Westfalen geboren. Der promovierte Jurist war zunächst Assesor in Hagen, bevor er 1936 zur Gestapo kam. Hammer war Mitglied der NSDAP (Mitglieds-Nr. 3.196199) und Angehöriger der SS (Mitglieds-Nr. 280.155). Nach seiner Zeit als Gestapostellenleiter in Erfurt soll er ab 1937 zur Gestapo Leipzig versetzt worden sein. 1938 war er aber noch als Regierungsassessor Leiter der Staatspolizeistelle Erfurt. Bis August 1939 war Dr. Hammer Leiter der Staatspolizeistelle Schneidemühl (Pila), um dann als Leiter des Einsatzkommandos (EK) 2 der Einsatzgruppe (EG) IV in Polen zu befehligen. Der Aufstellungsort dieser Einsatzgruppe war Dramburg in Pommern, Hammers Einsatzkommando war maßgeblich an den Erschießungen am sogenannten Bromberger Blutsonntag beteiligt. Danach war er beim KdS in Warschau tätig. Von Januar 1941 bis Februar 1942 war Hammer in der Gestapoabteilung beim BdS in Den Haag. Dort war er u.a. mit der juristischen Vorbereitung zur Errichtung einer Zentralstelle für jüdische Auswanderung beschäftigt. 1942 war Hammer Referent, dann Gruppenleiter im Amt VI-E (SD-Ausland – Erkundung weltanschaulicher Gegner im Ausland) des RSHA unter SS-Brigadeführer und Generalmajor der Polizei Walter Schellenberg und ab September 1943 beim BdS Verona. [46]

Er wurde aber schon im Frühjahr 1938 durch Regierungsassessor Dr. Hans-Wilhelm Blomberg abgelöst. Dieser nahm bereits am 12. Mai 1938 an der Besprechung betreffend *„Unterbringung der Polizei"* als Leiter der

---

[44] StAG, Regierung Erfurt, Präsidialbüro, Sig. 27487
[45] StAG, Staatshandbuch Preußen 1938, Jg. 140, S. 393
[46] Schneider, S. 137

Staatspolizeistelle Erfurt teil[47]. Auch im Staatshandbuch Preußen von 1939 wird Regierungsassessor Dr. Blomberg noch als Leiter der Staatspolizeistelle Erfurt geführt[48]. Später war er Leiter der Staatspolizeistelle Hamburg. 194 war er als SS-Obersturmbannführer Kommandeur der Sicherheitspolizei in Bergen, Mitte 1943 war er zugleich Seekommandant von Bergen. Hans-Wilhelm Blomberg war mit einer norwegischen Schauspielerin verlobt.[49]

Im selben Jahr wurde Dr. Blomberg durch den Regierungsassessor Gerhard Friedrich Ernst Flesch ersetzt[50]. Flesch leitete die Staatspolizeistelle Erfurt auch als sie 1941 suspendiert und zur Außenstelle der Staatspolizeistelle Weimar wurde[51]. Er war somit der letzte Leiter der Staatspolizeistelle Erfurt als selbständige Behörde. Flesch wurde 1909 in Posen geboren. Er war seit 01.05.1933 Mitglied der NSDAP (Mitglieds-Nr. 3.018.617) und ebenfalls 1933 der SS (Mitglieds-Nr. 267.300) beigetreten. 1933-35 war Flesch in Berlin-Hohenschönhausen NSDAP-Zellenleiter. Nach seinem Jurastudium war er ab Oktober 1936 für den SD bzw. die Sicherheitspolizei tätig. In der ersten Zeit war er zuständig für die Überwachung religiöser Sekten. Ab 01.01.1938 wurde Flesch stellvertretender Gestapo-Chef in Frankfurt/Oder und ab 01.01.1939 stellvertretender Gestapo-Chef in Saarbrücken. Flesch kam Mitte 1939 kurzzeitig nach Pilsen und wurde ab Mitte 1939 als SS-Sturmbannführer und Regierungsassessor Leiter der Staatspolizeistelle Erfurt und zugleich politischer Referent des Gauleiters Sauckel. Er wurde nach der Suspendierung der Stapostelle Erfurt 1941 in eine freie Planstelle als Regierungsrat der Außendienststelle

---

47 StAG, Regierung Erfurt, Präsidialbüro, Sig. 27490
48 StAG, Staatshandbuch Preußen 1939, Jg. 141, S. 402
49 Schneider, S. 137f.
50 Einwohnermeldebuch Stadt Erfurt 1939/40 S. XXII
51 HStAW, Polizeikasse 23/1

Erfurt eingewiesen. Nach Kriegsausbruch führte er ein Einsatzkommando in Posen und Lodz. Von April 1940 bis Oktober 1941 war Flesch Kommandeur der Sicherheitspolizei und des SD in Bergen, anschließend in gleicher Stellung bis Kriegsende in Trondheim. Am 30.01.1944 wurde er zum SS-Obersturmbannführer und Oberregierungsrat befördert.[52]

Im Jahr 1942 wurde erstmals ein Kriminalbeamter Leiter der Außenstelle Erfurt der Staatspolizeistelle Weimar. Dies war Kriminalrat Jacob Margardt[53]. Er wurde 1881 in Saarbrücken geboren. Im mai 19 war er als Kriminalinspekteur Leiter der Oberinspektion „staatsfeindliche Bewegungen" der Hamburger Staatspolizei. Mit Wirkung vom 01.07.1941 wurde er als Kriminalrat von der Staatspolizeistelle Hamburg zur Staatspolizeistelle Erfurt versetzt. Da er aber zeitweilig bei der Geheimen Feldpolizei war, hatte er seinen Dienst am 21.08.1941 bei der Außenstelle Erfurt aufgenommen.[54]

Entsprechend der Dienstordnung für Kriminalangestellte der Sicherheitspolizei vom 15.10.1937, erlassen durch den Reichsführer SS und Chef der Deutschen Polizei im Reichsinnenministerium Heinrich Himmler konnten diese folgende jährliche Grundvergütung erhalten, wenn ihre Tätigkeit denen von Beamten vergleichbar war. Als Kriminalassistentenanwärter 2000,-RM, als Kriminalassistent 2250,-RM, als Kriminaloberassistent 2520,-RM, als Kriminaloberassistent mit überdurchschnittlicher Leistung 2700,-RM, als Kriminaloberassistent mit gründlichen Fachkenntnissen 3000,-RM, als Kriminalsekretär 3300,-RM, als Kriminalbezirkssekretär 3600,-RM, als Kriminalkommissare 3900,-RM, 4200,-RM, 4500,-RM,

---

[52]   Scneider, S. 138
[53]   HStAW, Polizeikasse 23/3
[54]   Schneider, S. 138f.

4800,-RM, 5400,-RM und als Kriminalrat 6000,-RM[55][56]. Die Leiter der Staatspolizeistellen erhielten 50,- RM Dienstaufwandsentschädigung.[57]

4.2. Die Unterbringung der Geheimen Staatspolizeistelle Erfurt[58]

Als die Staatspolizeistelle Erfurt 1933 bei der Regierung Erfurt gebildet wurde, war sie mit im Regierungsgebäude I in Erfurt am Hirschgarten untergebracht Grund hierfür war, dass der ‚politische Beamte‘, Regierungsrat Orgler, seinen Amtssitz dort hatte und die Staatspolizeistelle durch ihn geleitet wurde[59]. Das Regierungsgebäude am Hirschgarten, die ehemalige kur-mainzische Stadthalterei. hatte die Postadresse Regierungsstraße 73. Heute ist dies der Amtssitz des Ministerpräsidenten des Landes Thüringen.

Gleichzeitig war auch die Kasinostraße 2, dass Polizeipräsidium, Sitz der Stapostelle Erfurt, da hier der Stellvertreter Orglers, Kriminalkommissar Boening, ansässig war. Aus diesem Grund sind einige Schreiben aus dieser Zeit, welche durch den Kriminalkommissar Boening unterzeichnet sind, mit dieser Anschrift adressiert[60]. Wahrscheinlich mit der Herauslösung aus der Regierung 1934 wurde die Kasinostraße

---

[55] Schneider, S. 123

[56] Die Beträge sind mit 10 zu multiplizieren und durch 1,9 zu teilen, dann hat man einen Vergleich mit dem aktuellen Lebensstandard. Diese Werte hat die Autorin in einem Seminar bei Alf Lüdtke zum I. WK erhalten. Demnach sind die jährlichen Einnahmen eines Kriminalrates umgerechnet in Euro 31600,00. Verglichen mit den heutigen Arbeitsentgelten für Beamten bewegt sich dieser Rahmen eher im mittleren Bereich. Die Gestapomitarbeiter haben also nicht so viel Geld für ihre Arbeit erhalten.

[57] Schneider, S. 149

[58] Nach Michael Hawel

[59] StAG, Regierung Erfurt, Präsidialbüro, Sig.30650

[60] StAG, Regierung Erfurt, Politische Angelegenheiten und Polizei, Sig. 10962

2 Sitz der alleinige Sitz der Staatspolizeistelle Erfurt[61]. Damit war sie im selben Gebäude untergebracht wie das Polizeipräsidium. Das die Staatspolizeistelle ihren Sitz in der Kasinostraße hatte, ist erstmalig 1937, durch den Geschäftsverteilungsplan erwiesen[62]. Im Folgejahr wurde diese Adresse auch im Staatshandbuch Preußen als Sitz der Geheimen Staatspolizeistelle eingetragen[63]. Der Straßenname der Kasinostraße wurde 1938 in Meister–Eckhardt–Straße umgewandelt. Seither blieb der Name unverändert und heute findet man in der Hausnummer 2 die Personalverwaltung der Stadt Erfurt und weitere Verwaltungsbehörden. Die Meister–Eckhardt–Straße führt auf die Regierungsstraße und so liegt gegenüber dem Haus 2 der Komplex der Thüringer Staatskanzlei.

Auf Grund des akuten Raummangels der Staatspolizeistelle, war 1936 geplant, diese in freiwerdenden Räumlichkeiten der Regierung in der Neuwerkstraße 30 unterzubringen[64]. Diese Räumlichkeiten sollten im Frühjahr 1938 frei werden, wenn die dort befindlichen Geschäftsstellen der Regierung in den Regierungsneubau umgezogen sind. Dies geht aus einem Schreiben, betreffend die Unterbringung der Staatspolizeistelle, hervor, welches der Regierungspräsident am 20. August 1936 an den Polizeipräsidenten in Erfurt richtete. Für die Umsetzung dieser Pläne konnten jedoch keine Belege gefunden werden.

Am 9. November 1936 richtete der damalige Leiter der Staatspolizeistelle, Thorn die Bitte an den Regierungsoberbaurat Masur *„die Unterbringung der Staatspolizeistelle in dem neu zu errichtenden Behördenhaus*

---

[61] StAG, Regierung Erfurt, Präsidialbüro, Sig. 23227,Bl. 74
[62] StAG, Regierung Erfurt, Präsidialbüro, Sig. 27487
[63] StAG, Staatshandbuch Preußen 1938, Jg. 140, S. 392/393
[64] StAG., Regierung Erfurt, Hochbauverwaltung, Sig. 26724

mit vorzusehen...". Diese Bitte hatte rein formellen Charakter, denn wie die *„Raumbedarfsnachweisung für den Neubau des Regierungsgebäudes in Erfurt"* vom 25. Juli 1936 zeigt, war die Staatspolizeistelle, als selbstständige Dienststelle, bereits berücksichtigt. Außerdem war die Staatspolizeistelle Erfurt bereits bei den ersten Planungsgesprächen zum Regierungsneubau am 7. Oktober 1935 vertreten[65].

Der nächste nachweisbare Sitz der Staatspolizeistelle ist die Alsenstraße 16. Unter dieser Adresse wurde die Staatspolizeistelle Erfurt 1939 im Staatshandbuch Preußen geführt[66]. Die Alsenstraße wurde 1950 in Schulze–Deltizsch-Straße umbenannt. Sie liegt in der Erfurter Löbervorstadt und ihr Name blieb seit 1950 unverändert.

Noch im Jahr 1939 zog die Staatspolizeistelle Erfurt in den Neubau des Regierungsgebäudes Erfurt in der Hindenburgstraße 7 ein[67]. Diese Straße hieß zunächst bis 1946 Arnstädter Chausee. Im Jahr 1953 erhielt sie den Namen Klement-Gottwald-Straße. Seit 1991 heißt sie Arnstädter Straße und das ehemalige Haus Nummer 7, ist heute das Gebäude des Thüringer Landtags.

Schon an der Planung des Baus 1935, war die Staatspolizeistelle beteiligt. So war während einer Sitzung am 7. Oktober 1935, in der die Grundstücksfragen erörtert wurden, auch Gerichtsassessor Isselhorst von der Staatspolizeistelle anwesend. In der *„Raumbedarfsnachweisung für den Neubau des Regierungsgebäudes in Erfurt"* vom 25. Juli 1936 war die Staatspolizeistelle dann auch als selbständige Dienststelle

---

[65]   StAG, Regierung Erfurt, Hochbauamt, Sig. 26786, Bl. 85
[66]   StAG, Staatshandbuch Preußen 1939, Jg. 141, S. 401/402
[67]   Einwohnermeldebuch Stadt Erfurt 1939/40, S. XXII

aufgeführt. Ihr Raumbedarf wurde hier mit 44 Fensterachsen angegeben[68]. Während einer Besprechung am 12. Mai 1938 im Polizeipräsidium Erfurt wurde festgelegt, dass sich die Staatspolizei an den Kosten des Regierungsneubaus zu beteiligen hatte. *„Da die Staatspolizei im Regierungsgebäude mit untergebracht werden solle, müsse sie einen Bauanteil von 500.000RM zahlen (und zwar 400.000RM im Jahre 1938 und 100.000RM 1939).“*[69]

Im Jahr 1938 wurde dann zwischen dem Reich und dem Land Preußen ein Mietvertrag geschlossen. Das Reich trat darin als Mieter auf. Es war die wirtschaftsführende Stelle für die Staatspolizeistelle Erfurt. Preußen war Eigner des Regierungsneubaues und insoweit Vermieter. In diesem Vertrag hieß es am 26. September 1938: *„Auf den Vorschlag der Staatspolizeistelle im Bericht vom 4.8.38- B.Nr.4698/38 I/W 2500- ist in § 2 der Vereinbarung zwischen dem Reich und Preußen über die Unterbringung der Staatspolizeistelle Erfurt in dem Behördenhaus in Erfurt wie folgt gefasst worden: 'Das Land Preußen räumt dem Reich das Recht ein, den Südflügel des Neubaues mit Ausnahme des obersten Stockwerkes dauernd zu nutzen. Nach Fertigstellung des Gesamtneubaues tritt anstelle des Südflügels der nördliche Seitenflügel am Beethovenplatz mit ca. 90 – 100 Fensterachsen. Als Zubehör werden dem Reich vorerst bis zur Fertigstellung des Gesamtneubaues zur dauernden Nutzung überwiesen: 2 Garagen, 2 Fotoräume mit entsprechender Installation, 3 Haftzellen, die behelfsmäßig in Luftschutzräumen untergebracht sind, 3 Gelasse zur Unterbringung von Akten auf dem Boden. Nach Fertigstellung sind weitere Räume als Zubehör zuzuweisen.“*[70]. Die

---

[68]   StAG, Regierung Erfurt, Hochbauamt, Sig. 26786

[69]   StAG, Regierung Erfurt, Allg. Polizei u. Verwaltungsangelegenheiten, Sig. 27490

[70]   StAG, Regierung Erfurt, Hochbauverwaltung, Sig. 26787

Staatspolizeistelle Erfurt war Mieter im neuen Behördenhaus. Mit ihr waren dort große Teile der Regierung Erfurt untergebracht. Diese waren

- das Bezirksverwaltungsgericht mit Geschäftsstelle,
- die Fondverwaltung,
- die Gewerbesteuerberufungsangelegenheiten
- die Kataster-, Vermessungs-, Grundvermögenssteuer und Hauszinsateuerangelegenheiten,
- das Oberversicherungsamt,
- das Regierungsforstamt,
- die staatliche Hochbauverwaltung,
- die Verkehrsangelegenheiten,
- das Versorgungsgericht mit Geschäftsstelle,
- die Veterinärangelegenheiten und
- das Wohnungs- und Siedlungswesen[71].

---

[71] Einwohnermeldebuch der Stadt Erfurt 1939/40

5. Die Struktur der Geheimen Staatspolizeistelle Erfurt 1937[72]

Jede Behörde gliedert sich nach einer bestimmten Struktur. Dies hat sich seit Bestehen von Behörden in der öffentlichen Verwaltung nicht geändert. Durch diese Gliederung werden die Geschäftsbereiche und deren Aufgaben festgelegt. Die Darstellung der Aufgabenfelder wird als Organisationsplan bezeichnet[73]. Ein solcher Plan gibt immer nur den Ist- Zustand einer Behörde wieder[74]. Ein Organisationsplan der Geheimen Staatspolizeistelle Erfurt befindet sich im Staatsarchiv Gotha unter der Bestandsbezeichnung Regierung Erfurt, Präsidialbüro, Signatur 27487. Auf diesem Geschäftsverteilungsplan der Geheimen Staatspolizeistelle Erfurt basiert der folgende Abschnitt. Der Geschäftsverteilungsplan wurde am 18. Juni 1937 durch die Geheime Staatspolizeistelle Erfurt an den Regierungspräsidenten in Erfurt übersandt[75]. Danach gliederte sich die Staatspolizeistelle Erfurt in 3 Abteilungen. Diese orientierten sich in ihrem Aufbau an der allgemeinen preußischen Verwaltung. So wurden in Abteilung 1 die allgemeinen Verwaltungsangelegenheiten der Staatspolizeistelle Erfurt bearbeitet. Die beiden anderen Abteilungen erfüllten die eigentlichen Aufgaben der Geheimen Staatspolizei, die Erforschung *„aller staatsgefährlichen Bestrebungen"*[76]. Geleitet wurden die Abteilungen durch einen Beamten des gehobenen Polizeidienstes.

---

[72]   Nach Michael Hawel

[73]   Altmann/ Berndt; Grundriß der Führungslehre 2, 1994, 3. Aufl., S. 254

[74]   Altmann/ Berndt; Grundriß der Führungslehre 2, 1994, 3. Aufl., S. 254

[75]   StAG., Regierung Erfurt, Präsidialbüro, Sig. 27487

[76]   StAG.; Sig. Rd. 1, Ministerialblatt f. d. Preuß. Innere Verwaltung 1933; S. 503

Die Abteilungen gliederten sich weiter in Referate oder Sachgebiete auf. Die Namen der Referate ergaben sich aus der Nummer der Abteilung, der sie angegliedert waren und ihrer Stellung in der Abteilung. So war zum Beispiel das Referat I P 1 die Personalstelle, das Referat I P 2 die Organisation. In allen anderen Abteilungen wurde der Name durch Beiordnung eines Großbuchstabens und evtl. einer Ordnungszahl gebildet. Diese kam jedoch nur hinzu, wenn das Referat mehrere Teilgebiete hatte (z. Bsp. II B 1 und II B 2). Die Leitung der Sachgebiete oblag dem Referenten. Den Referaten wurden, entsprechend ihren Aufgaben, Polizeibeamte als Sachbearbeiter und Vollzugsbeamte zugeteilt. Bei der Verteilung der Beamten der Geheimen Staatspolizeistelle Erfurt, war es möglich, dass ein Beamter zwei Stellen besetzte. Diese lagen jedoch immer innerhalb derselben Abteilung. Der Personalbestand der Geheimen Staatspolizeistelle Erfurt gestaltete sich im Jahr 1937 wie folgt:

	Abteilung I	Abteilung II	Abteilung III
Leiter/ Referent Vertreter	Pol.Oberinsp. Weyland Pol.Insp. Krause	Krim.Kom. Lehmkühler Krim.Bez.Sek. Hesse	Krim.Kom. Lölgen Krim.Bez.Sek.Poppe
Referat/ Mitarbeiter	I P 1 1 I P 2 1 I P 3 3 I W 3	II A 7 II B 1 2 II B 2 2 II C 3 II D 2 II E 2 II F 3	III A 1 III B 1 III C 2 III D 2 III E 6
Abteil. / Mitarbeiter	8	21	12
Gesamtbestand 41			

Der Geschäftsverteilungsplan lässt bereits durch den Personaleinsatz erkennen, welchen Rang ein bestimmtes Aufgabengebiet bei der Geheimen Staatspolizeistelle Erfurt hatte. Dies wird zum einen deutlich an der Personenanzahl, die in diesem Aufgabengebiet beschäftigt war. Zum anderen ist auch die Qualifikation die diese eingesetzten Beamten oder Angestellte hatten ein Indiz dafür, wie wichtig das entsprechende Aufgabengebiet war.

5.1. Die Abteilung I

In der Abteilung I wurden die allgemeinen Verwaltungsangelegenheiten der Staatspolizeistelle Erfurt bearbeitet. Diese Aufgabe war auf 4 Referate verteilt. Die Leitung der Abteilung I war dem Polizeioberinspektor Weyland übertragen. Sein Stellvertreter war Polizeiinspektor Oskar Krause.

Die Referate der Abteilung I waren:

1) das Referat I P 1, die Personalstelle
2) das Referat I P 2, die Organisation
3) das Referat I P 3, mit Hauptregistratur, Amtsverwaltung und Kanzlei
4) das Referat I/ W, die Wirtschaftsstelle.

Für die Referate I P 1 und I P 2 war Polizeioberinspektor Robert Weyland der leitende Referent. Die Personalstelle hatte alle Personalangelegenheiten der Polizeiverwaltungs- und Kriminalbeamten sowie der Kriminal- und Kanzleiangestellten zu bearbeiten. Bei ihr wurden alle Personalakten der Beamten und Angestellten der Staatspolizeistelle Erfurt geführt und aufbewahrt. Die Disziplinarangelegenheiten der Beamten wurden ebenfalls unter der Leitung des Polizeioberinspektors Weyland bearbeitet, ebenso die Beförderungen der Beamten und

Angestellten. In Verbindung mit dem Referat I/ W wurde über Etatfragen bezogen auf das Personal entschieden. Das Referat I P 1 bearbeitete auch den Urlaub der Beamten und Angestellten und stellte Dienstausweise und Erkennungsmarken aus.

Das Referat I P 2, Organisation, hatte den Dienstbetrieb zu regeln und zu beaufsichtigen. Somit wurde hier die Geschäftsverteilung der Staatspolizeistelle Erfurt festgelegt. In seiner Funktion als Referatsleiter I P 2 führte Polizeioberinspektor Weyland die Sachaufsicht über das Referat I P 3. Dem Referat I P 2 oblag auch die Abfertigung, Auszeichnung und Verteilung sämtlicher Eingänge. Hier wurde auch das Brieftagebuch für Geheim- und Geheime Reichssachen geführt und die geheimen Reichssachen aufbewahrt.

Das Referat I P 3 war nochmals untergliedert in Hauptregistratur und Aktenverwaltung, Amtsmeisterei und Kanzlei. In diesem Referat waren 2 Beamte und ein Angestellter als Sachbearbeiter tätig. Die Beamten waren Polizeibüroassistent a. Pr. (auf Probe) Lieber und Polizeiamtsgehilfe Bestehorn. Der Angestellte war Kriminalangestellter Zangenmeister. Diese drei Sachbearbeiter hatten neben den Aufgaben der Hauptregistratur und Aktenverwaltung auch die Aufgaben der Amtsmeisterei und der Kanzlei zu erledigen.

Zum Aufgabenfeld der Hauptregistratur und Aktenverwaltung gehörte die Führung der Brieftagebücher, ohne die Geheim- und Geheimen Reichssachen. Auch die Ordnung, Verwaltung und Aufbewahrung sämtlicher Akten der Staatspolizeistelle Erfurt wurde hier gewährleistet. In der Amtsmeisterei wurden alle Eingänge abgestempelt. Hier wurde auch die Post abgesendet und die Einschreibe- und Portobücher geführt. Die Kanzlei war zuständig für die Anfertigung von Rein- und Abschriften sowie die Aufnahme von Stenogrammen.

Das Referat I/ W war die Wirtschaftsstelle der Geheimen Staatspolizeistelle Erfurt. Die zuständigen Sachbearbeiter waren Polizeipraktikant Zimmer und Polizeibüroassistent Stephan. Ihnen oblag die Bearbeitung der persönlichen und der sachlichen Ausgaben der Staatspolizeistelle Erfurt. Persönliche Ausgaben waren das gesamte Haushaltungs- und Rechnungswesen, die Besoldung der Beamten, die Löhne der Arbeiter und Angestellten sowie die Sozialversicherungen und Versorgungsausgaben.

Weiterhin wurden hier die Aufwandsentschädigungen, Unterstützungen und Fahndungskosten bearbeitet. Sachliche Ausgaben waren Zahlungen für die Beschaffung von Bürogeräten und Büromaterialien oder für Zeitungen und Zeitschriften. Hier wurden aber auch die Gefangenentransport- und Schutzhaftkosten berechnet. Die Wirtschaftsstelle war auch für das Kraftfahrzeugwesen zuständig. Hier war es der Kriminalangestellte Müller, der die Aufsicht über die Pflege und Instandhaltung der Wagen führte. In der Abteilung I wurden somit alle Aufgaben erledigt, die für das Funktionieren einer Behörde notwendig sind.[77]

5.2. Die Abteilung II

Die Abteilung II war die Abteilung mit dem höchsten Personalansatz und den meisten Referaten (A bis F) innerhalb der Staatspolizeistelle Erfurt. Diese Abteilung wurde geleitet durch Kriminalkommissar Lehmkühler. Sein Stellvertreter

---

[77]   StAG., Regierung Erfurt, Präsidialbüro, Sig. 27487

war Kriminalbezirkssekretär Alfred Hesse. Die Abteilung II hatte 7 Referate.

Dies waren

1) Referat II A, Kommunismus – Marxismus
2) Referat II B 1, Konfessionen und Sekten sowie
3) Referat II B 2, Emigranten, Freimaurer, Juden;
4) Referat II C Parteiangelegenheiten, Reaktion, Opposition, Wirtschaft
5) Referat II D Schutzhaft, Verwertung staatsfeindlichen Vermögens
6) Referat II E Kartei, Personalakten, Leumundsangelegenheiten
7) Referat II F Erkennungsdienst, Nachrichtenübermittlung.

Im Referat II A, Kommunismus - Marxismus', war Kriminalbezirkssekretär Hesse Referent. Diesem waren der Kriminalassistent Alfred Becu und die Kriminalassistenten-Anwärter Paul Gogol, Rogge und Walter Mathéus zugeteilt. Außerdem waren die Kriminalassistenten-Anwärter auf Probe Max Weichholdt und Otto Müller im Referat II A tätig. Diese Beamten waren für die Beobachtung und Bekämpfung der kommunistischen und marxistischen Bewegung, sowie aller Neben- und Hilfsorganisationen zuständig. Das Hauptinstrument zur Bekämpfung war die Schutzhaft. So wurde im November 1937 *„ eine illegale Gruppe der FAUD (Freie – Arbeiter – Union – Deutschlands) durch die Staatspolizei ausgehoben"*[78]. Dabei wurden über 20 Personen verhaftet[79]. Ein weiteres Arbeitsgebiet des Referats II A war die Überwachung der Sowjetrussen und die Behandlung des staatsfeindlichen Ausländertums. Die Bearbeitung von Beleidigungen von Staat und Bewegung (Gesetz vom

---

[78]   StAG, Staatsanwaltschaft beim Landgericht Erfurt, Sig. 3, Lageberichte
[79]   StAG, Staatsanwaltschaft beim Landgericht Erfurt, Sig. 3, Lageberichte

20.12.33) oblag ebenfalls diesem Referat. Ausgehend von der Aufgabe der Geheimen Staatspolizei und dem Personalansatz für dieses Referat ist hier ein Schwerpunkt der staatspolizeilichen Tätigkeit zu erkennen.

Im Referat II B 1 waren zwei Sachbearbeiter tätig. Dies waren die Kriminalassistenten- Anwärter auf Probe Eugen Krause und Rolf Günther. Sie hatten alle Angelegenheiten des politischen Katholizismus und der evangelischen Kirchenbewegung zu behandeln. Weiterhin waren Angelegenheiten konfessioneller Vereine, deren Verbände- und Jugendorganisationen zu bearbeiten. Außerdem wurden auch die kirchlich- konfessionelle Presse und Sekten überwacht. Durch dieses Referat wurde wahrscheinlich auch das Redeverbot gegenüber dem Pfarrer Breithaupt aus Erfurt ausgesprochen. Diesem wurde am 16. Mai 1935 untersagt „ *in öffentlichen und geschlossenen Versammlung als Redner aufzutreten* ", weil er „ *anläßlich eines Konfirmandenunterrichts im März d. Js. Äußerungen getan haben...* " soll, „ *die geeignet sind, Maßnahmen der Reichsregierung verächtlich zu machen.* "[80]
Für Emigranten, Freimaurer und Juden war das Referat II B 2 zuständig. Hier war auch wieder ein Referent eingesetzt. Dies war Kriminalsekretär Philipp Schlotyssik. Ihm zugeteilt war Kriminalassistenten-Anwärter auf Probe Kurt Burkhardt. Im einzelnen waren sie zuständig für die Aus- und Einbürgerung und für rückkehrende Emigranten. Durch dieses Referat wurden aber auch Heimatscheine, Unbedenklichkeitserklärungen und Passanträge deutscher Reichsangehöriger im Ausland bearbeitet. Die Überwachung des gesamten jüdischen Organisations- und Vereinslebens gehörte ebenso zu den Aufgaben dieses Referates, wie die

---

[80]   StAG, Regierung Erfurt, Politische Angelegenheiten und Polizei, Sig. 12353

Überwachung antijüdischer Vereinigungen. Hinzu kam die Überwachung der Auswanderung von Juden und die Sichtung der jüdischen Presse. Setzt man hier wiederum Personal und Aufgabe in Beziehung, so stellt man fest, dass relativ wenige, unerfahrene Beamte ein großes Aufgabenfeld zu bearbeiten hatten. Folglich können diese Sachgebiete zu dieser Zeit noch keine Schwerpunkte der staatspolizeilichen Tätigkeit gewesen sein. Sie sollten es in der Folgezeit werden. Dieses Referat wurde später in II B 4 umbenannt, um seine Entsprechung im Eichmann-Referat IV B 4 des RSHA zu haben und somit die regionale Zentrale aller antijüdischen Maßnahmen des NS-Staates einschließlich der Planung, Organisation und Durchführung der Deportation der Juden des Gestapo-Dienstbezirkes in die Vernichtungslager zu sein.

Unter den Referaten der Staatspolizeistelle Erfurt hatte sich eines mit Parteiangelegenheiten, Reaktion, Opposition und der Wirtschaft zu beschäftigen. Dies war das Referat II C. Dieses leitete als Referent Kriminalsekretär Walter Günzschel. Ihm zugeteilt war Kriminalassistenten-Anwärter August Schulze und Kriminalassistenten-Anwärter auf Probe Hans Günther. Diese hatten Angelegenheiten der NSDAP und ihrer Gliederungen sowie Angelegenheiten der ehemaligen Mittel- und Rechtsparteien zu bearbeiten. Sie waren ebenfalls zuständig für Monarchismus, Adelsgenossenschaften sowie für Vereine und Verbände mit militärischem Hintergrund sowie für die Bekämpfung der Homosexualität und der Abtreibung zuständig. Im wirtschaftlichen Bereich bearbeitete dieses Referat die Angelegenheiten des 4- Jahresplans und der Agrar- und Sozialpolitik. Diese drei Beamten waren außerdem noch für Sachen des Vereins- und Versammlungswesens und für die Bekämpfung der Homosexualität und der Abtreibung zuständig. Bei der Betrachtung dieses Referates fällt wiederum auf, dass wenige Beamte ein breitgefächertes und umfangreiches Aufgabenfeld zu bearbeiten haben. Dies lässt erneut den Schluss zu, dass es sich hierbei noch nicht um Schwerpunkte der Arbeit der Staatspolizeistelle Erfurt gehandelt haben kann.

Die Mitarbeiter des Referats II D waren verantwortlich für die Schutzhaft und die Verwertung staatsfeindlichen Vermögens. Referent dieses war hier Polizeiinspektor Oskar Krause, dem der Polizeiassistent Seifart zugeteilt war. Ihnen oblag die Bearbeitung von allgemeinen und Einzelschutzhaftsachen. Darunter war vor allem die formularmäßige Bearbeitung, also das Erstellen der Einweisung- und Entlassungsformulare zu verstehen. Die Beamten dieses Referates waren auch mit unerwünschtem Schrifttum und allgemeinen Presseangelegenheiten beschäftigt. Die Verwaltung und Verwertung des staatsfeindlichen und eingezogenen Vermögens oblag ihnen ebenfalls. Zur Verwertung staatsfeindlichen Vermögens ist zu sagen, dass wahrscheinlich ein nicht geringer Teil des eingezogenen in den Besitz der Staatspolizeistelle übergegangen ist. Dafür spricht ein Schreiben Boenings an den Regierungspräsidenten in Erfurt aus dem Jahr 1934. In diesem heißt es: *„Ich bitte die Beschlagnahme zu bestätigen und das Kraftrad einzuziehen. [...] Den Beiwagen bitte ich der Staatspolizeistelle Erfurt für Dienstzwecke zuzuweisen."*[81] Wird in diesem Referat Personalansatz und Aufgabengebiet in Beziehung gesetzt, so ist zu erkennt, dass auf einem eng begrenzten Aufgabengebiet zwei berufserfahrene Beamte tätig waren. Dies lässt den Schluss zu, dass in diesem Referat II D ein Schwerpunkt der Tätigkeit der Geheimen Staatspolizeistelle Erfurt lag.

Das Referat II E hatte Kartei und Personalsachen zu führen sowie Leumundsangelegenheiten zu bearbeiten. Es war mit

---

[81]   StAG, Regierung Erfurt, Präsidialbüro, Sig. 23227, Bl. 74

zwei Sachbearbeitern besetzt, den Kriminalangestellten Göring und Willy Remde. Diese waren verantwortlich für die Führung der allgemeinen und politischen Spezialkarteien. Bei der Geheimen Staatspolizei wurden nebeneinander mehrere Karteien geführt. Durch das Referat II E waren außerdem die politischen Personalakten zu ordnen, zu verwalten und aufzubewahren. Weiterhin wurden Leumundsanfragen allgemeiner Art bearbeitet. In diesem Referat tritt erneut der Fall ein, dass berufserfahrene Angestellte einen sehr kleinen Aufgabenkreis zu betreuen haben. Schlussfolgernd daraus ergibt sich, dass das Referat II E ebenfalls ein Referat mit hoher Wichtigkeit für die Staatspolizeistelle Erfurt war.

Das letzte Referat in der Abteilung II war das Referat II F. Dies enthielt Erkennungsdienst und die Nachrichtenübermittlung. Für den Erkennungsdienst war als Sachbearbeiter der bereits erwähnte Kriminalassistent Becu zuständig. Zum Erkennungsdienst zählten neben der Fotografie, Fotokopie auch die Postüberwachung. Die Nachrichtenübermittlung war mit den Kriminalangestellten Gabler und Hans Zentgraf besetzt. Diese hatten den Fernschreiber zu bedienen und für die Fernsprechüberwachung Sorge zu tragen. Hier wurden also Telefongespräche ab-, mitgehört. Der Vergleich von Aufgabe und Personenzahl lässt den Schluss zu, dass auf diesem Gebiet bereits intensiv gearbeitet wurde. Hauptaufgabe der Abteilung II war die Überwachung des gesamten öffentlichen Lebens im Regierungsbezirk Erfurt und die Bekämpfung aller Bestrebungen, die nicht mit den Ansichten der Reichsführung im Einklang standen. Dies wurde bereits zu diesem Zeitpunkt mit hohem Personalaufwand betrieben, wie der Stellenansatz zeigt. [82]

---

[82]   StAG, Regierung Erfurt, Präsidialbüro, Sig. 23227, Bl. 74

5.3. Die Abteilung III

Die Abteilung III hatte sich mit Landesverrat, Spionage, Fremdenlegionären, Deserteuren, Reichswehrangelegenheiten, Sabotageakten und Ausländern zu beschäftigen. Sie untergliederte sich in die Referate

1) Referat III A, Organisation;
2) Referat III B Geheim- und Verschlusssachen
3) Referat III C Allgemeine Abwehrangelegenheiten, Ausländer
4) Referat III D Allgemeine Abwehrangelegenheiten, Deserteure, Refraktäre und
5) Referat III E Hauptregistratur, Aktenverwaltung, Karteien, Überprüfungen, Technische Einrichtungen.

Leiter der Abteilung III war Kriminalkommissar Jakob Lölgen, sein Stellvertreter war Kriminalbezirkssekretär Otto Poppe. Die Abteilung III war für die Überwachung des Militärs und der ausländischen Vereine, Organisationen und Bürger zuständig. Bei der Betrachtung der Abteilung III im Vergleich zu den anderen Abteilungen fällt die Gliederung der Abteilung III auf. Diese lehnt stark an die Struktur der Staatspolizeistelle an. Wie diese hatte auch die Abteilung III ihre Aufgabengebiete in Organisationsaufgaben (III A), spezielle Aufgaben (III B, C, D) sowie Verwaltungsaufgaben (III E) unterteilt. Dies spricht für einen hohen Grad an Selbständigkeit innerhalb der Behörde der Staatspolizeistelle Erfurt.

Das Referat III A oblag der Leitung Kriminalkommissar Lölgen. Hier war er als Referent verantwortlich für die Regelung und Beaufsichtigung des gesamten Dienstbetriebes der Abteilung III zuständig. Er regelte die Geschäftsverteilung und die Auszeichnung und Verteilung sämtlicher Eingänge.

Durch ihn wurden Abwehrschulungen und –tagungen organisiert. Weiterhin war er für die Zusammenarbeit mit der Wehrmacht und anderen Behörden zuständig. Für die hohe Bedeutung dieses Referates innerhalb der Geheimen Staatspolizeistelle Erfurt spricht, dass mit der Wahrnehmung der Aufgaben ein berufserfahrener Beamter des gehobenen Dienstes betraut wurde.

Im Referat III B war Referent Kriminalbezirkssekretär Poppe. Dieses Referat war für Geheim- und Verschlusssachen zuständig. Im einzelnen wurden Verschlussanweisungen, Geheime Reichssachen, Anschriften und besondere Vorkommnisse bearbeitet. Hier wurde auch das Geheime Fahndungsblatt geführt. In dieses wurden Personen eingestellt, die von der Geheimen Staatspolizei gesucht wurden. Auch hier war das Aufgabengebiet klein und wurde von einem erfahrenen Beamten bearbeitet. Dies lässt wiederholt schließen, dass auf die ordnungsgemäße Erfüllung der Aufgaben dieses Referates hoher Wert gelegt wurde.

Das Referat III C war zuständig für die Bearbeitung allgemeiner Abwehrangelegenheiten und Sachen von Ausländern. Hier waren tätig, Kriminalbezirkssekretär Albert Illig, als Referent und Kriminalassistenten- Anwärter Willy Stoffel. Diese hatten Angelegenheiten des Landesverrates, der Spionage, der Sabotage und Reichswehrangelegenheiten zu bearbeiten. Sie waren auch zuständig für geschützte Betriebe und den Werkschutz. Die Abwanderung von Facharbeitern wurde ebenfalls durch dieses Referat überwacht. Diese Arbeitsfelder wurden unter dem Begriff *„Allgemeine Abwehrangelegenheiten"* zusammengefasst. In diesem Arbeitsfeld war das Referat III C für Erfurt und die Kreise Heiligenstadt, Schleusingen, Worbis und Ziegenrück zuständig. Geschützte Betriebe waren vor allem

Rüstungsbetriebe. Außerdem war das Referat III C mit ausländischen Agenten und Kurieren sowie Ausländern und deren Vereine im Allgemeinen beschäftigt. In diesem Zusammenhang oblag ihm auch die allgemeine Überwachung von Austauschkellnern, Zigeunern, internationalen Artisten sowie von entlassenen Heeres- und Polizeiangehörigen.

Auf dem Gebiet der allgemeinen Abwehr war auch das Referat III D tätig. Hier kamen noch die Angelegenheiten von Deserteuren, Refraktären und Fremdenlegionären hinzu. Referent war Kriminalsekretär Eduard Pielenz, dem Kriminalassistenten- Anwärter Herbert Helbing zugeteilt war. Sie waren zuständig für die Allgemeinen Abwehrangelegenheiten der Kreise Langensalza, Mühlhausen, Nordhausen und Weißensee/Thüringen. Weiterhin hatten sie Sachen im Zusammenhang mit Deserteuren, Fremdenlegionären, Refraktären und wehrunwürdigen Personen zu bearbeiten. Durch die Beamten des Referates III D waren ebenfalls Angelegenheiten der unerlaubten Entfernung von Angehörigen der Wehrmacht und des Reichsarbeitsdienstes zu behandeln. Bei der Betrachtung der Referate III C und III D ist festzustellen, dass die Leitung erfahrenen Beamten übertragen wurde, welche mit einem eng gefassten Arbeitsgebiet betraut wurden. Die Referate III C und III D hatten gleichartige Aufgaben, die sich hauptsächlich mit der Überwachung der entsprechenden Personen befassten.

Das letzte der Abteilung III angegliederte Referat ist das Referat III E. Hier waren die Hauptregistratur, die Karteien und die Aktenverwaltung für die Abteilung III untergebracht. Weitere Teilgebiete des Referates III E waren die Überprüfungen und die technischen Einrichtungen. Als Referent stand Kriminalbezirkssekretär Poppe diesem Referat vor. Ihm waren der Kriminalsekretär Paul Senftleben und die

Kriminalangestellten Kramer, Brettschneider, Behr und Landskron zugeteilt. Durch den Kriminalsekretär Senftleben und den Kriminalangestellten Kramer wurde die Hauptregistratur und Aktenverwaltung betreut. Hier wurden die gleichen Aufgaben erledigt, wie in der Hauptregistratur der Staatspolizeistelle Erfurt. Außerdem wurden hier Sonderrundschreiben für die Außenstellen, Landräte und Bürgermeister gefertigt und verschickt. Der Abschnitt Kartei, Leumundsfragen und Überprüfungen wurde durch die Kriminalangestellten Brettschneider, Behr und Landskron bearbeitet. Hier wurde die Spionage- und Spezialkartei geführt. Weiterhin wurden Leumundsanfragen und polizeiliche Erörterungen durch diese bearbeitet. Überprüft wurden die Gefolgschaftsmitglieder in Rüstungsbetrieb und ausländische Hotelgäste. Für die Bearbeitung der Aufgaben des Referates III E waren 6 Beamte und Angestellte zuständig. Dies läßt den Schluß darauf zu, daß dieses Referat einen hohen Wert innerhalb der Staatspolizeistelle Erfurt hatte. [83][84]

---

[83] Schneider, S. 65ff.

[84] Es ist zu bemerken, dass dieser Teil der Hausarbeit fast deckungsgleich mit der Dissertation von Schneider ist. Der Teil wurde beibehalten, da nicht mehr zu klären ist, wer der eigentliche Urheber dieses Abschnitts war, da die Notizen von den Polizisten Michael Hawel und Stefan ???? stammen, die Autorin den Text verfasst hat und Herr Schneider in ebenfalls verwendet hat. Als der Text verfasst worden war, wurde nicht geklärt wie damit verlegerisch umzugehen sei.

6. Die Suspendierung der Staatspolizeistelle Erfurt 1941[85]

Seit ihrem Bestehen, war die Staatspolizeistelle Erfurt eine selbständige Behörde, zu Beginn 1933, war sie zwar eine der Regierung angegliederte Behörde, insoweit jedoch selbständig. Im Jahr 1934 wurde die Staatspolizeistelle aus der Organisationsstruktur der Regierung herausgelöst. In dieser Struktur blieb sie über die Jahre hinweg bestehen und wechselte lediglich ihren Dienstsitz. Zuletzt war dies der Regierungsneubau in der Hindenburgstraße 7.

Durch den *„Erlaß des RSHA. v. 30.5.1941 –II A 1 (neu) Nr. 423/41-168-"* wurde die Staatspolizeistelle Erfurt mit Wirkung zum 01. Juli 1941 aufgelöst. Mit dem gleichen Erlass wurde sie der Staatspolizeistelle Weimar angegliedert. Die Besoldung der Beamten, Angestellten und Arbeiter sowie die Wirtschaftsangelegenheiten wurden von der Staatspolizeistelle Weimar übernommen.[86] In der Struktur der Staatspolizeistelle Weimar war die Staatspolizeistelle Erfurt nun eine Außenstelle[87]. Damit war die Staatspolizeistelle der preußischen Provinz Erfurt in eine thüringische Behörde eingegliedert worden. Die Grundstruktur der Staatspolizeistelle Erfurt blieb auch nach der Umbildung zur Außenstelle Erfurt erhalten. Die Außenstelle wurde durch einen höheren Beamten geleitet. Dies war im Jahr 1941 Regierungsassessor Flesch[88].

---

[85]   Nach Michael Hawel

[86]   Erlass des RSHA vom 30.05.1941 Nr. 423/41 – 168, HStAW

[87]   HStAW., Polizeikasse, 23/3

[88]   Einwohnermeldebuch Stadt Erfurt 1941

7. *Die Struktur der Außenstelle Erfurt der Staatspolizeistelle Weimar*[89]

Die Außenstelle Erfurt war zuständig für den Regierungsbezirk Erfurt und hatte am 22. Januar 1942 folgenden Aufbau. Der Leiter war Kriminalrat Margardt und sein Vertreter, der Kriminalkommissar und SS Hauptsturmführer Hüttig. Dieser wurde auch der letzte Leiter der Stapo-Außenstelle 1945.[90]

Die Gliederung erfolgte jetzt in Sachgebiete, die jedoch die gleichen Aufgaben zu erfüllen hatten wie die Referate 1937. Die Außenstelle war jetzt in Verwaltung und Vollzugsdienst unterteilt. In der Verwaltung wurden die Personal- und Wirtschaftsangelegenheiten bearbeitet. Zuständig war hier Polizeisekretär Stephan. Dieser hatte bereits 1937 das Referat I W bei der Staatspolizeistelle Erfurt betreut. In diesem Sachgebiet waren auch die Lagerverwaltung, die Poststelle und die Kanzlei untergebracht, wo der Polizeiamtsgehilfe Hülle, die Angestellter Köthe, sowie Fräulein Lehmann-Lauprecht, Frau Pabst, Fräulein. Kümpel und Fräulein. Blume arbeiteten. Am Fernschreiber saß Kriminalangestellter Muder und als Kraftfahrer war der Kriminalangestellter Böser eingeteilt.[91]

Der Vollzugsdienst gliederte sich in 7 Sachgebiete. Dies waren die Sachgebiete:

    1)   II A Kommunismus, Marxismus, Heimtücke, Rußlandheimkehrer

---

[89]   Nach Stefan ????

[90]   Auflistung des ehem. Gestapoangehörigen Willi Junge bei seiner Vernehmung vom 19.05.1945, HStAW, Bestand der Geheimen Staatspolizei, Sign. 1, auch BA Koblenz, Außenst. Potsdam, Sig. ZR 770 A 8

[91]   BA Koblenz, Außenst. Potsdam, Sig. ZR 770 A 8

2) II B 1 – 4, Kirchen und Sekten, Emigranten, Juden, Freimaurer, Devisensachen
3) II C Opposition, Reaktion, Rundfunkvergehen
4) II E 1 Allgemeine Wirtschaftsangelegenheiten
5) II E 2 Ausländische Arbeitskräfte, Verbotener Umgang mit Kriegsgefangenen
6) II G Schutzdienst und
7) II F Kartei, Personalverwaltung, Leumundsauskünfte, Fahndung.

Weiterhin war dem Vollzugsdienst eine Stelle der Briefbuchführung zugewiesen, die Kriminalsekretär Kögl leitete. Für die Sachgebiete II A, II C, II E 1 und II E 2 sowie II F erfolgte die Bearbeitung selbständig durch die Außenstelle Erfurt. Die Sachgebiete II A, II C und II G wurden durch Kriminalkommissar Poppe geleitet, der seit 1937 bei der Staatspolizei in Erfurt tätig war, damals als Stellvertreter für den Leiter der Abteilung III. Das Sachgebiet II B 1-4 von Kriminalsekretär Kölling, das Sachgebiet II E 1 durch Kriminalsekretär Seepe und E 2 durch Kriminalobersekretär Hofste Im Sachgebiet II F war Kriminalsekretär Kiemaier Leiter.[92]

Wegen Raummangels im Dienstgebäude der Staatspolizeistelle Weimar wurde die dortige Abteilung III, für die Angelegenheiten der Abwehr betraut, mit Erlass vom 26. August 1941 in das Gebäude der Staatspolizeistelle Erfurt verlegt. Die Abordnungsverfügung erging am 4. September 1941 durch das Reichssicherheitshauptamt. In dieser heißt es: *„Unter Bezugnahme auf den Erlaß vom 26.08.1941 – II A 1 Nr. 754/41-168-69- ordne ich mit dem Zeitpunkt der Verlegung der Abteilung III der dortigen Staatspolizeistelle*

____

[92]   BA Koblenz, Außenst. Potsdam, Sig. ZR 770 A 8, auch: Auflistung des ehem. Gestapoangehörigen Willi Junge bei seiner Vernehmung vom 19.05.1945, HStAW, Bestand der Geheimen Staatspolizei, Sign. 1

nach Erfurt die nachstehend aufgeführten Beamten und Angestellten aus dienstlichen Gründen von der Zentrale der Staatspolizeistelle Weimar zur Aussendienststelle in Erfurt ab. ... "[93] In Weimar tätige Beamten wurden also nach Erfurt verlegt. Die Beamten, die in Erfurt arbeiteten aber in Weimar wohnten, wurden 1943 wieder an ihre Dienststelle in Weimar versetzt. Im Tausch wurden Beamte, die in Erfurt wohnten aber in Weimar arbeiteten an die Dienststelle in Erfurt versetzt.[94]

In die Beschäftigung des Sachbereiches II, unter der Leitung von Kriminalkommissar Lorenz, der auch für die Abteilung III, die Abwehr, zuständig war,[95] fiel auch das Judenreferat. Dies kann anhand des Beispiels der ‚Halbjüdin' Susanne Fleischer belegt werden. Diese wurde 1944, damals 23 Jahre alt, im Abstand von 14 Tagen nach Erfurt geladen, obwohl sie in Weimar wohnte. Unter Drohung mit dem Konzentrationslager und Sterilisierung wurde sie gezwungen, durch ihre Unterschrift zu bestätigen, weder ein Verlöbnis noch eine Ehe einzugehen.[96]

---

[93]   HStAW., Polizeikasse, Sig. 2884 (3) / 41
[94]   BA Koblenz, Außenst. Potsdam, Sig. ZR 770 A 8, auch HStAW., Polizeikasse, Sig. 2884 (3) /41
[95]   Auflistung des ehem. Gestapoangehörigen Willi Junge bei seiner Vernehmung vom 19.05.1945, HStAW, Bestand der Geheimen Staatspolizei, Sign. 1
[96]   Weber, Villen in Weimar, S. 162f

8. Die Leitung der Staatspolizeistelle Weimar

Wie auch in Erfurt wechselte die Leitung der Staatspolizeistelle Weimar öfters. Wie auch in Erfurt gab es hier die personelle Verbindung von Regierung und Gestapo, denn der Leiter der Staatspolizeistelle Weimar war zugleich der Sachbearbeiter für Angelegenheiten der politischen Polizei bei der Landesregierung, in Thüringen bei dem Reichsstatthalter in Thüringen, Staatssekretär und Leiter des Thüringischen Ministeriums des Innern in Weimar.[97] Bis 1937 war der Leiter Max Rausch. Mit dessen Beförderung vom 01.02.1937 zum Kriminalrat, wurde er auch am 15. Juni 1937 zur Kriminalpolizeistelle Weimar versetzt.[98] Nach ihm wurde deshalb der Regierungsrat und SS Sturmbannführer Dr. Ludwig Hahn Leiter der Stapostelle Weimar.[99] Nur kurzzeitig wurde er, während einer Beurlaubung ab April 1938 durch den Assessor Möller von der Staatspolizeistelle Berlin bis auf weiteres vertreten. Ab dem 24. September 1938 wurde der Gerichtsassessor Dr. Egon Kulzer der ständigen Vertreter des Leiters der Staatspolizeistelle Weimar des nun wieder beauftragten Dr. Hahn.[100]   Dr. Hahn war später, zumindest 1942, Chef der Gestapo in Warschau. Dort war er mitverantwortlich für die Deportation von 230.000 polnischen Juden in die Gaskammern von Treblinka und Auschwitz.[101]

Nach Dr. Hahn kam 1939 Regierungsrat und Sturmbannführer Gustav vom Felde[102]. Sein Stellvertreter war der

---

[97]   RdErl. Des RFSSuChdDtPol vom 15.02.1938, Az.: S-V Nr. 8/37-166, HStAW, Ministerialblatt des Reichs- und Preußischen Ministeriums des Innern, Nr. 8 vom 23.02.1938, Seite 285

[98]   Bekanntmachung für die staatliche Polizei, herausgegeben vom Thüringischen Ministerium des Innern, 1937, Nr. 23 vom 12.06.1937, S. 71

[99]   Aussage des Paul Mehlhorn vom 16.05.1945, BAK Ast.. Pdm, Sign. Za 499, Obj 9

[100]   Schreiben des RFSSuChdDtPol vom 24.09.1938, Az.: S-V 3a Nr. 1341/38, HStAW, Bestand des Ministerium des Innern, Abt. P, Sign. 5, Bl. 8

[101]   Paul, Die Gestapo, Mythos und Realität, S. 248

[102]   vom Felde, Gustav: geb. 28.6.1908 in Bad Eilsen, Gymnasium in Bückeberg, Abitur 1929, Jura-Studium in Innsbruck, Berlin und Göttingen; 1932 I. Staatsexamen, 1936 II. Staatsexamen, 1.8.1930 Eintritt in die NSDAP, aus der

Kriminaldirektor Wilhelm Bluhm. Gustav vom Felde befand sich seit 1942 im Einsatz außerhalb der Dienststelle[103] und kam bei einem Fliegerangriff auf Berlin am 22. November 1943 ums Leben, weshalb der Regierungsrat und Sturmbannführer Wolff die Leitung bis Herbst 1944 übernahm. Sein Stellvertreter wurde der Kriminalrat Rauch, der 1944 zum RSHA nach Berlin wechselte.[104] Ab dem 05. Juli 1944 übernahm der Oberregierungsrat und SS Sturmbannführer Schröder die Leitung[105] und Kriminalrat Fischer wurde sein Stellvertreter.[106]

Abteilungsleiter in Weimar waren Detlef Brodersen, Robert Weyland, Friedrich Fischer, Alfred Lindner, Dr. jur. Johann Heinrich Koenen, Lehmkühler, Ludwig Hüttig und Gerhard Kretschmer. Die mittlere Führungsebene setzte sich aus folgenden Hierarchiestufen zusammen Sachbearbeiter, Hilfskräfte, Wachmann, Sekretärin, Dolmetscher, Kanzleiangestellte, Aushilfs-Angestellte im Gefangenenaufsichtsdienst, Kommandierter der Waffen-SS, Verwaltungsführer, Büroangestellte, Aushilfsangestellte im Geschäftszimmerdienst, Ersatzpersonal,

---

ev. Kirche ausgetreten. Gestapo: 1936 zur Stapostelle Bielefeld, 1937/38 deren leiter, 1.10.1942 Oberregierungsrat, 1942 Staatspolizeistelle Weimar, 1943 Reichssicherheitshauptamt Berlin, SS: 15.12.1930 SS-Anwärter, 15.7.1931 SS-Mann, 9.11.1933 Unterscharführer, 20.4.1934 Scharführer, 30.1.1935 Oberscharführer, 20.4.1935 Hauptscharführer, 30.1.1936 Untersturmführer, 20.4.1938 Obersturmführer, 30.1.1939 Hauptsturmführer, 1.11.1943 Standartenführer. Aus: Bernd Hey, Zur Geschichte der westfälischen Staatspolizeistellen und der Gestapo, in. Westfälische Forschung, Band 37, 1987, S. 58-90.

[103]   Geschäftsverteilungsplan vom 22.01.1942, BAK Ast.. Pdm, Sign. ZR 770 A8

[104]   Aussage des Paul Mehlhorn vom 16.05.1945, BAK Ast.. Pdm, Sign. Za 499, Obj 9

[105]   HStAW, Bestand des Ministerium des Innern, Abt. P, Sign. 6, Bl. 5

[106]   Aussage des Paul Mehlhorn vom 16.05.1945, BAK Ast.. Pdm, Sign. Za 499, Obj 9

Geschäftszimmerangestellte, Aushilfspersonal, SS-Männer als Ersatzkräfte, Notdienstverpflichteter ohne Beschäftigungsverhältnis, Notdienstverpflichteter mit Beschäftigungsverhältnis, Gefängnisaufseher und HJ-Angehöriger im Vollzugsdienst. Die Mannschaft bestand von 1933 bis 1945 aus 501 Personen, sowohl Männer als auch Frauen. Aufgrund der Länge der Arbeit werden die biographischen Daten aus der Dissertation von Schneider zu Weimarer Angestellten nicht angeben.[107]

9. Die Arbeit in den Staatspolizeistellen in Thüringen

Die Arbeit der Stapostellen in Thüringen war genau die, wie sie aus der Literatur und der Berichterstattung bekannt ist. Mithilfe des neuen Aktenmaterials kann dies jedoch jetzt genauer recherchiert werden. Die Wirkungsfelder der Gestapo in Thüringen stehen unter den Begriffen Radikalisierung und Entzivilisierung.

9.1 Verfolgungen des Politischen Widerstandes

Die Geheime Staatspolizei war mit der Beobachtung und Bekämpfung der Gegner des Regimes beauftragt. Der Widerstand gegen den Nationalsozialismus begann nicht 1933. Der frühe Widerstand wird hier wegen der Länge der Arbeit nicht betrachtet. Politischer Widerstand gegen das NS-Regime wurde vielfältig definiert, hier wird kein ebensoer Versuch unternommen. Die in diesem Teil dargestellten Widerstandsorganisationen- und Gruppen sind eine bewusste Auswahl nach der Arbeit von Andreas Theo Schneider. Sie unterliegen nicht dem Anspruch von Vollständigkeit. Die alternierenden Schwerpunkte der Gestapotätigkeit nach Zeit und Region lassen sich für den NS-Gau Thüringen

---

[107]   Schneider, S. 139-201

zusammenfassend wie folgt beschreiben. Bis 1935/36 nahm die Bekämpfung der illegalen Arbeiterbewegung die Gestapo am stärksten in Anspruch. Bereits vor den, mit einem hohen Maß an Brutalität geführten Ermittlungen, war mit diesen durch die Thüringische Politische Polizei begonnen worden. Seit der Kristallnacht 1938 befasste sich die Gestapo zunehmend mit Verfolgungsmaßnahmen gegen Juden. Auch mit der Verschleppung von Zwangsarbeitern aus Polen und der Sowjetunion wurde deren Überwachung und Verfolgung zum Hauptaktionsbereich. Trotz der seit Kriegsbeginn drakonisch verschärften Strafbestimmungen begann sich seit 1941 in Deutschland neuer Widerstand zu formieren, allerdings beteiligten sich nur wenige daran. [108]

Kommunisten

Die Methoden des kommunistischen Widerstandes waren im Allgemeinen: Propaganda, Appelle an die Vernunft, Massendemonstrationen, Generalstreiks, Spektakuläre Aktionen, rote Fahnen an Schornsteinen, Straßenumbenennungen, überregionale Zeitungen, Flugblätter, Verbreitung von Hitler-Witzen, Unterstützung von Sowjet-Agenten. [109]

KJVD

Der Kommunistische Jugendverband Deutschlands bewies im Kampf gegen das NS-Regime eine außerordentliche Tapferkeit. Die Jungkommunisten erreichten außerdem eine teilweise Zusammenarbeit mit katholischen und jüdischen Jugendgruppen. Dafür wurden sie rücksichtslos verfolgt.[110]

---

[108]   Schneider, S. 202ff.
[109]   Schneider, S. 205
[110]   Schneider, S. 205

Die Rote Hilfe

Die Rote Hilfe sammelte für Opfer des Terrors Geld und Sachwerte. In der Zeitschrift „Tribunal" informierte sie über die Verfolgung von Juden und politischen Gegnern des Regimes.[111]

KPO

Die KPO war die rechte Opposition zur KPD seit 1928/29. Sie stellte sich schon früh auf eine länger dauernde Illegalität ein, da sie sich keine Illusionen über den Nationalsozialismus machte. Als Widerstand wurde Kurierwesen, Herstellung von Druckschriften und der Aufbau neuer Untergruppen betrieben. Bereits in der Frühphase der Gestapo wurde durch den Verrat von Erich Thieme aus Halle in Haft die gesamte KPD-Führung in Thüringen verhaftet. Im Jahr 1936 wurden durch die Stapostelle Erfurt 34 KPD-Mitglieder und durch die Stapostelle Weimar 82 Mitglieder verhaftet.[112]

Sozialdemokraten

Die Ziele der Sozialdemokraten war kurzfristig die Abschaffung der nationalsozialistischen Regierung und langfristig der Wiederaufbau der Weimarer Republik. Die sozialdemokratischen Gruppierungen hatten mit vielen Problemen zu kämpfen. Die SPD verhielt sich passiv, der Widerstand wurde nur von vereinzelten Gruppen betrieben. Die Hauptmethoden der Widerstandgruppen waren: Sabotage, Massendemonstrationen, parlamentarischer Widerstand,

---

[111]   Schneider, S. 206
[112]   Schneider, S. 206f.

öffentliche Bloßstellung der NSDAP, Protestdemonstrationen, Flugblätter, Propaganda in Betrieben.[113]

SAP

Die Sozialistische Arbeiterpartei Deutschlands war ein Zusammenschluss von Sozialdemokraten und Kommunisten. In dieser und der KPO versammelten sich kritische Mitglieder, die mit der Politik von SPD- und KPD-Führung nicht mehr einverstanden waren. Im Sommer 1934 wurde die KPO-Führung durch die Gestapo verhaftet und 1935 vom Oberaldesgericht in Jena wegen Vorbereitung zum Hochverrat zu dreieinhalb Jahren Zuchthaus verurteilt, nach deren Ablauf er im KZ Buchenwald inhaftiert und erst im April 1945 befreit wurde.[114]

Neu Beginnen

Die Gruppe „Neu Beginnen" bestand aus Kommunisten und Sozialdemokraten und war ohne Illusion über die NS-Regierung. Sie kritisierte das Versagen der Arbeiterparteien gegenüber dem Faschismus und forderte eine Zusammenarbeit aller Gruppen gegen diesen. Dieser Organisation gelang es, Verbindungen mit anderen Städten im Ausland zu schaffen und sie konnten im Mai 1933 in Prag ein Auslandssekretariat einrichten. Im Jahr 1938 wurden die führenden Funktionäre durch die Gestapo verhaftet und sie erhielten hohe Zuchtstrafen.[115]

---

[113]   Schneider, S. 207f.
[114]   Schneider, S. 208f.
[115]   Schneider, S. 209

ISK

Der Internationale Sozialistische Kampfbund verstand sich als eigene Kaderpartei mit hohen Anforderungen an seine Mitglieder. Die Gestapo beobachtet den ISK unter sonstige marxistische Bewegungen zusammen mit der SPD. 1935 wurde der ISK in Erfurt ausgehoben. Mehrere ISK-Mitglieder waren wegen Herstellung und Vertrieb von Flugblättern und der Organisation von Schulungen verhaftet worden.[116]

Reichsbanner Schwarz Rot Gold

Das Reichsbanner Schwarz Rot Gold war ein überparteiliches Bündnis in der Zeit der Weimarer Republik zum Schutz der Republik gegen ihre Feinde an den politischen Rändern. Die Wehrorganisation war eine der ersten sozialdemokratischen Organisationen gegen die sich die Repressions- und Verbotsmaßnahmen nach der NS-Machtergreifung richteten. Währen der Aktion Gewitter sind 1944 28 ehemalige Mitglieder des Reichsbanners in das KR Buchenwald inhaftiert worden.[117]

FAUD

Die Freie Arbeiterunion Deutschlands war eine Gewerkschaft mit bewusst anarcho-syndikalistischer Gewerkschaftstradition. Die Freie Gewerkschaft vertrat linke Positionen, ohne eine typische Abspaltung von der KPD oder SPD zu sein, und lehnte den Einfluss von Parteien auf politische Prozesse ab. Im März 1932 waren noch 4307 Mitglieder von ehemals über 100.000 eingeschrieben. Auf lokaler Ebene war die Gewerkschaft nach Berufszweigen

---

[116]   Schneider, S. 209f.
[117]   Schneider, S. 209f.

organisiert. Die FAUD hatte am Ende der Weimarer Republik noch 6000 bis 10000 Mitglieder. Im Februar 1933 wurde die Selbstauflösung der FAUD beschlossen, um dem im März ausgesprochenen Verbot zuvorzukommen. Ab 19 wurde die FAUD in der Illegalität in Erfurt weitergeführt. In Erfurt waren in dieser Zeit ca. 45 FAUD-Mitglieder aktiv. Ein der der Führer wurde 1937 von der Gestapo festgenommen und nach Düsseldorf ins Untersuchungsgefängnis eingeliefert. Vom Oberlandesgericht Hamm wurde er zu drei Jahren Zuchthaus verurteilt, und verbüßte die Strafe im Justizstrafgefangenenlager Stapelmoor. Im Oktober 1937 wurden 22 Personen der illegal arbeitenden FAUD verhaftet und in Schutzhaft genommen. Später im Jahr wurden weitere Personen verhaftet und zu Zuchtstrafen verurteilt.[118]

Aktion Gewitter

Mit dem Begriff Aktion wurde im Dritten Reich eine größere Anzahl von überwiegend repressiven Maßnahmen bezeichnet, die meist zeitlich begrenz sich auf einen enger abgeschlossenen Bereich bezogen und auch als Tarnbezeichnung dienten. Beispiele sind die AB-Aktion, Intelligenz-Aktion, Aktion T 4, Aktion 14 f 13, Aktion 1005, Aktion Erntefest, Aktion Reinhardt, Aktion 3, M-Aktion. [119]

Suhler Widerstand

War eine bedeutende Widerstandsgruppe in Thüringen, Besondere Zusammensetzung ihrer Mitglieder. Neben Kommunisten verschiedene politische Anschauungen und Gruppenzugehörigkeit, Staatspolizeistelle in einer lang geplanten Aktion 42 Personen verhaftet. Es war eine Gruppe

---

¹¹⁸   Schneider, S. 211f.
¹¹⁹   Schneider, S. 213ff.

von Gestapo-Mitarbeitern 1943 zusammengestellt worden, die Vernehmergruppe Suhl und nach den Verhaftungen in Ichtershausen tätig waren, und sich ausschließlich mit der Suhler Widerstandgruppe beschäftigt hatten. Weitere Verhaftungsaktion 1944 über 50 Personen verhaftet. Die Sonderkommission sagte auch in den Verhandlungen aus, die zu Todesurteilen gegen die Widerstandsgruppe führten.[120] Einer der Erfurter Gestapobeamten war in der Außenstelle im Gerichtsgefängnis Ichtershausen, die nur aus einer Vernehmergruppe bestand, beteiligt. Diese wurde bezüglich der Aktion in Suhl und Zella-Mehlis im Frühjahr 1944 zusammengesetzt, wo mehrere Kommunisten verhaftet[121] und ins Gerichtsgefängnis nach Ichtershausen verbracht wurden.[122] Dies war die Widerstandsgruppe um Theo Neubauer und Magnus Poser. Leiter der Vernehmergruppe Ichtershausen war der Kriminalobersekretär August Steuding.

Weiter dabei waren der Kriminalassistent Hans Rudolf Pause von der Staatspolizeistelle Weimar, der Kriminaloberassistent Ernst König von der Außenstelle Suhl, der Kriminalsekretär Alfred Becu von der Außenstelle Erfurt sowie als Schreibkräfte die Margarete Bronold von der Staatspolizeistelle Weimar und die Jutta Scharf. Der Dolmetscher in Ichtershausen war der ehemalige Häftling des Konzentrationslagers Buchenwald, Karl Miländer. Dieser, ein Baltendeutscher, wurde am 27.8.1941 aus dem KZ Buchenwald entlassen[123] und war dann im

---

[120]   Schneider, S. 224ff.

[121]   wegen Verdachts der Vorbereitung zum Hochverrat, Zeugenaussage des Hans Rudolf Pause vor dem Untersuchungsrichter III beim Landgericht Düsseldorf vom 28.11.1969, HStAD

[122]   Zeugenaussage August Steuding vor dem Untersuchungsrichter I beim Landgericht Düsseldorf vom 17.01.1968, HStAD, vgl. Zeugenaussage der Margarete Bronold vor dem Landgericht Düsseldorf vom 06.10.1969, HStAD

[123]   HStAW, Häftlingsnummerkartei KZ Buchenwald

Angestelltenverhältnis für die Staatspolizeistelle Weimar als Dolmetscher tätig. Am 3. Ostertag 1945, als die Vernehmergruppe nach dem Verbrennen des Aktenmaterials nach Weimar zurückkehrte, wurde auf der Fahrt dorthin laut eines Erschießungsbefehls der Staatspolizeistelle Weimar der Karl Miländer entweder von Hans Rudolf Pause oder August Steuding erschossen.[124]

9.2 Religiöse Verfolgungen

Zeugen Jehovas

Sie wurden als erste Glaubensgemeinschaft im Nationalsozialismus verboten. Sie wurden von allen christlichen Religionsgemeinschaften unter der nationalsozialistischen Diktatur am härtesten und unerbittlichsten verfolgt. Die Zeugen Jehovas propagierten und praktizierten die Kriegsdienstverweigerung in großer Zahl. Im Rahmen der Gleichschaltungsbemühungen ab 1933 wurde der rücksichtslose Kampf der NS-Ideologen gegen die Bibelforscher aus der Weimarer Zeit fortgesetzt und es wurde keine Ausnahme mehr geduldet. Die Zeugen Jehovas galten jedoch aber als noch zu „retten". Sie konnten sich von ihrer Glaubensgemeinschaft lossagen und wurden wieder in die Volksgemeinschaft integriert.[125]

Evangelische Kirche

Die Bewegung in der protestantischen Kirche, die sich gegen den Machtanspruch der Nationalsozialisten und der Deutschen Christen stellt, ist seit 1934 die „Bekennende Kirche". Sie

---

[124] Zeugenaussage Ernst König vor dem Untersuchungsrichter III beim Landgericht Düsseldorf vom 26.09.1969, HStAD
[125] Schneider, S. 229ff.

wandte sich gegen den Arierparagraphen in der Kirche und gegen die Abschaffung des Alten Testaments. Insgesamt wurden ca. 900 evangelische Pfarrer und kirchlich gebundene Laien wegen ihres „Bekenntniswiderstandes" bestraft und zwölf hingerichtet. In Thüringen waren 3 Bekennende verhaftet worden.[126]

Katholische Kirche

Die katholische Kirche schloss am 20. Juli 1933 mit dem NS-Regime ein Konkordat ab, woran sich jedoch dieses nicht hielt. Stattdessen wurde der Druck auf katholische Organisationen verstärkt und Geistliche verfolgt. Aus diesem Grund begann der Widerstand der katholischen Kirche. Predigten wurden doppeldeutig vorgelesen, die sich gegen das Regime richteten. Das Regime hielt daraufhin Prozesse gegen die betreffenden Geistlichen ab. Geistliche die die Enzyklika vom März 1937 von Papst Pius XII erwähnten, wurden ins KZ gebracht. Die Kirche richtete sich gegen die Greueltaten in KZs und die Verfolgung der Juden, weshalb viele Geistliche ins KZ kamen und dort ermordet wurden. Auch in Thüringen wurden die Geistlichen observiert, abgestraft , versetzt und in Schutzhaft genommen.[127]

Verfolgung der Juden

Vom Beginn bis zum Ende der NS-Herrschaft hatte die Geheime Staatspolizei im NS-Verfolgungsnetzwerk eine entscheidende Rolle bei der systematischen Verfolgung und Vernichtung der Juden. Die systematische Ermordung der Juden fand aber außerhalb des NS-Gaues Thüringen, außerhalb der territorialen Zuständigkeit der

---

[126]   Schneider, S. 236f.
[127]   Schneider, S. 237f.

Staatspolizeistellen Erfurt und Weimar statt. Ohne die Tätigkeit der Gestapo in Thüringen wäre aber der Holocaust an den Thüringer Juden nicht möglich gewesen. Die starke Beteiligung der Mitarbeiter der Thüringer Gestapo beim „auswärtigen Einsatz" insbesondere bei den Einsatzgruppen der Sicherheitspolizei und des SD zeigt den Grad der direkten und unmittelbaren Beteiligung am Holocaust auf. Die beiden Judensachbearbeiter der Thüringer Gestapo waren Waldemar Eißfeld und Willy Remde. Administrative Grundlage für alle antijüdischen Maßnahmen war die so genannte Judenkartei. Diese Kartei der Juden wurde durch das Judenreferat der regionalen Staatspolizeistelle geführt, sie war für Thüringen bereits im Jahre 1938 auf Grund von Meldungen der örtlichen Polizeistelle erstellt worden und umfasste das Land Thüringen. Eine ganze Reihe direkt gegen jüdische Bürger gerichtete Gesetze zielte auf die schrittweise finanzielle Entmündigung, schließlich Ausschaltung aus dem Wirtschaftsleben und auf die Vereinnahmung ihres Vermögens oder zu mindestens eines großen Teils davon, ab. Auch hier wirkte die Gestapo als Zentrale zur Ermittlung und Entscheidung. Zudem war der Dienstsitz der regionalen Geheimen Staatspolizei das Zentrum, zu dem die Judentransporte der umliegenden Städte und Gemeinden zumeist zusammengeführt wurden, um dann den Transport gemäß den Absprachen mit dem RSHA, mit dem Reichsverkehrsministerium und der Deutschen Reichsbahn auf seinen verhängnisvollen Weg zu schicken. Die lokale Schutzpolizei, aber auch einzelne Gestapo-Beamte begleiteten die Transporte bis in die Vernichtungslager. Beispiele sind die Deportation am 10.Mai 1942 nach Belzyce, am 20. September 1942, am 10.Januar 1944 und am 31.Januar 1945 nach Theresienstadt und die Deportation Thüringer Juden zum

Arbeitseinsatz. Eine ganze Reihe von Thüringer Juden, die nicht deportiert werden wollten, blieb nur der Suizid.[128]

9.3 Überwachung und Verfolgung der Zwangsarbeiter

Insbesondere nach Ausbruch des Krieges 1939 waren Zehntausende von Menschen in Hunderten von Lagern untergebracht, die zur Arbeit in der deutschen Landwirtschaft oder Industrie gezwungen wurden. Zwangsarbeiter sind Personen, die zur Arbeit gezwungen wurden. Das waren sowohl deutsche Staatsbürger als auch Ausländer und betraf Vertragsarbeiter, Kriegsgefangene und KZ-Häftlinge. Zu Kriegsende gehörten die Zwangsarbeiter allerorten zum Stadtbild und waren nahezu in allen Lebensbereichen präsent. Die bevorzugte Unterbringung der ausländischen Arbeitskräfte in Lagern führte zur Entwicklung spezifischer Lagergesellschaften. Faustrecht, Misstrauen, Angst und Beutelschneiderei gehörten genauso zum Alltag wie Korruption, Kleinkriminalität und Lagerprostitution. Die Delikte sind meist durch Denunziationen ans Licht gekommen. [129]

Methoden

Den legalistischen Rahmen der Verfolgung bildeten Gesetze und Verordnungen, mit denen rechtsstaatliche Normen außer Kraft gesetzt wurden. Die Überwachung beinhaltet auch die Beobachtung der Stimmung der Bevölkerung, insbesondere aber ihres regimekritischen und oppositionellen Verhaltens. Die Hauptwege der Überwachung waren zum einen die systematische Erfassung durch die Institutionen des Überwachungsapparates, zum anderen die zahlreichen, eher

---

[128]   Schneider, S. 239ff.
[129]   Schneider, S. 255ff.

zufälligen Denunziationen von Privatpersonen. Die systematische Überwachung richtete sich vor allen gegen vermeintliche oder tatsächliche Gefahrenpotentiale in der Bevölkerung, wie oppositionelle Bestrebungen in der Arbeiterbewegung, den Betriebsbelegschaften und in Wohnmilieus. Sie erfolgte durch Institutionen, über regelmäßige Berichte von unten nach oben, systematisches Registrieren und Auswerten, differenzierte Ahndung von der Verwarnung bis zur Meldung an die Geheime Staatspolizei.[130]

Schutzhaft

Im NS-Staat existierten drei Arten von nichtgerichtlicher Haft. Neben der Polizeihaft waren dies die kriminalpolizeiliche Vorbeugehaft und die Schutzhaft. Die Schutzhaft entstand nicht erst im Nationalsozialismus sondern wurde seit dem Preußischen Polizeiverwaltungsgesetz vom 01.06.1931 angewendet. Mit der Befugnis, Schutzhaftbefehle zu erlassen, erhielt die Gestapo ein Mittel, Menschen in Konzentrationslager zu bringen, ohne dass es ein Richter, Staatsanwalt oder Verteidiger verhindern konnte. Die Schutzhaft war die schärfste Waffe der Gestapo. Die Gestapo Erfurt hatte zuerst keine eigenen Unterbringungsmöglichkeiten für ihre Häftlinge, diese wurden auf Konzentrationslager in der Provinz Sachsen verteilt. Doch bereits 1933 wurde ein leerstehendes Fabrikgebäude in der Feldstrasse 18 angemietet und ein Schutzhaftlager eingerichtet. 1935 war aus dem Polizeigefängnis auf dem Petersberg ein Konzentrationslager geworden.[131]

---

[130]   Schneider, S. 262ff.
[131]   Schneider, S. 279ff.

Sonderbehandlung

Die hier als staatspolizeiliche Methode dargestellte Sonderbehandlung ist als staatliches Töten ohne ein durch die ordentliche Gerichtsbarkeit gefälltes Todesurteil zu verstehen. Es ar eine Sonderrolle, die den Angehörigen der Geheimen Staatspolizei und der SS zugebilligt wurde, um innerhalb und außerhalb von Konzentrationslagern systematisch Menschen zu liquidieren. Nach einer Vereinbarung zwischen Reichsführer SS und dem Justizministerium im Jahr 1942 sollten künftige Strafsachen von Juden, Zigeunern, Polen, Russen, Ukrainern durch den Reichsführer SS „erledigt" werden, also durch Anordnung von Schutzhaft oder Sonderbehandlung. Auch in Thüringen wurde die Sonderbehandlung durch die Gestapo angewendet.[132]

9.4 Kriegsendphasenverbrechen

Noch in der Endphase des Krieges im April 1945 wurden auf Weisung des RSHA vielerorts politische Gefangene hingerichtet, um deren Befreiung zu verhindern. Beispiele für Thüringen sind 1. Die Erschießung von 149 politischen Häftlingen der Justiz und der Gestapo im Webicht bei Weimar, 2. Erhängen von Agentinnen vom Gestapo-Gefängnis Marstall in Buchenwald, 3. Erschießen eines Bauern, 4. Erschießen von drei Bewohnern des Ortes Neuern, 5. Erschießung von zwei ausländischen KZ-Häftlingen, 6. Erschießung eines Fahnenflüchtigen, 7. Erschießung des Kriminalobersekretärs Triebstein, 8. Erschießung eines Lehrers aus Gera, 9. Ermordung von marschunfähigen Häftlingen des AEL Römhild, 10. Erschießung eines Gewohnheitsverbrechers, 11. Erschießung eines Hauptmannes der Waffen-SS, 12. Erschießung des Dolmetschers Karl Miländer, 13. Mordsache Bürgel. Die Mitarbeiter der Geheimen Staatspolizei handelten losgelöst von Recht und Gesetz in einer entmenschlichten Art und Weise, in

---

[132]   Schneider, S. 311ff.

einer Situation, die für alle klar ersichtlich aussichtslos war. Auf dem Weg des Absetzens der Mitarbeiter der Gestapo zogen sie eine Spur von Verbrechen hinter sich her, bevor sie versuchten, sich selbst zu retten und in Sicherheit zu bringen. In den letzten Tagen wurden erneut sinnlos hunderte Menschen von der Gestapo getötet. Nicht nur organisatorisch kam eine Erscheinung des Krieges in die Heimatregion zurück, auch die Methoden des auswärtigen Einsatzes, insbesondere die Mordmethoden der Einsatzgruppen des Chefs der Sicherheitspolizei und des SD, wurden nun in Thüringen praktiziert.[133]

---

[133]   Schneider, S. 316ff.

10. Die letzten Tage der Staatspolizeistelle Weimar[134]

Die Gestapo wurde ab Mitte 1944 die Abteilung VI der Sicherheitspolizei Thüringens, deren Leiter der Oberregierungsrat und SS Obersturmbannführer Hans-Helmut Wolff wurde und somit Vorgesetzter des Leiters der Abteilung IV, die Geheime Staatspolizei, Schröder.[135] Schröder war zugleich Wolff's Stellvertreter.[136] Schröder und Wolff spielten bei der Auflösung, bzw. dem Ende des Geheimen Staatspolizeiamtes eine besonderer Rolle. Die Sicherheitspolizei gliederte sich in fünf Abteilungen, die Abteilung I und II, Organisation und Verwaltung unter Polizeirat Brodersen, die Abteilung III, dem Sicherheitsdienst[137] unter SS Hauptsturmführer Sigismund, die Abteilung IV, Geheime Staatspolizei mit ihren Außenstellen wie schon genannt unter Oberregierungsrat und SS Obersturmbannführer Schröder und die Abteilung V[138], die Kriminalpolizei unter dem Kriminalrat und SS Hauptsturmführer Lindner.[139]

---

[134]   Nach Stefan ?????

[135]   Aussage des Wolff vom 12.12.1945 in Oberursel, Komitee der Antifaschistischen Widerstandskämpfer der DDR, SS im Einsatz, S. 78

[136]   Rdverf. vom 01.06.1944, Abt. IV 1c, Az.: B.Nr. 2179/44, SdtAS, Amt Dietzhausen, Sign. 2.4.71.5/19, hier tauch die Abt. IV 1 c bereits auf, die im Aufbau der Sicherheitspolizei enthalten ist, vgl. Auflistung des ehem. Gestapoangehörigen Willi Junge bei seiner Vernehmung vom 19.05.1945, HStAW, Bestand der Geheimen Staatspolizei, Sign. 1

[137]   Der Sicherheitsdienst hatte seinen Sitz in Weimar, Straße der SA 1, HStAW, Bestand des Ministeriums des Innern, Abt. P, Sign. 51, Bl. 17

[138]   In einer Rdverf. der Staatspolizeistelle Weimar vom 01.06.1944 wird bereits die Abt. IV 1c (Ostarbeiter) benannt, SdtAS, Amt Dietzhausen, Sign. 2.4.71.5/19

[139]   Auflistung des ehem. Gestapoangehörigen Willi Junge bei seiner Vernehmung vom 19.05.1945, HStAW, Bestand der Geheimen Staatspolizei, Sign. 1

Nach Ostern 1945 herrschte bei der Staatspolizeistelle Weimar ein großes Durcheinander. Viele Angehörige anderer Gestapostellen befanden sich mit dort, da ihre Dienststellen wegen dem Anrücken der Amerikaner bereits aufgelöst wurden, die Beamten des Stapostelle Erfurt also vermutlich auch. Der damalige Leiter der Sicherheitspolizei Wolff befand sich zu diesem Zeitpunkt ebenfalls mit dort und verkündete, dass die gesamte Dienststelle evakuiert werden müsse.[140]

Alle Beamten wurden auf der Dienststelle festgehalten und mussten dort schlafen. Sämtliche Akten der Gestapo wurden in nächtelanger Arbeit verbrannt. Nach einer Zeugenaussage wurden die Gefangenen des Gerichtsgefängnisses und des Gestapogefängnisses am Abend vor dem Abrücken hingerichtet.[141] Sie sollten einer >Sonderbehandlung< unterzogen werden. Die Hinrichtung wurde im Webicht[142] durchgeführt. Vor dem Abmarsch aus Weimar wurden ebenfalls 2 Beamte einer anderen Gestapodienststelle auf den Befehl von Wolff erschossen, weil diese sich längere Zeit von ihrer Dienststelle entfernt hatten, ohne sich zu melden.[143]

Auf Befehl Schröders durfte kein Gestapoangehöriger in Weimar verbleiben.[144] Der Evakuierungsmarsch verlief über Jena und von dort nach Bürgel. Dort war ein Aufenthalt von 10 Tagen, dann lösten sich alle auf und gingen zum Teil in Richtung Böhmer Wald.[145] Andere wiederum gingen über Bürgel bis Gera und meldeten sich dort im Schützenhaus

---

[140]   Zeugenaussage Walter Jahn vor dem Untersuchungsrichter III beim Landgericht Düsseldorf vom 11.12.1968, HStAD

[141]   Vernehmung des Willi Junge vom 19. Mai 1945 durch das Kriminalamt der Polizeidirektion Weimar, HStAW, Bestand Geheime Staatspolizei, Sign. 1

[142]   Webicht war ein Waldstück bei Weimar

[143]   Zeugenaussage Walter Jahn vor dem Untersuchungsrichter III beim Landgericht Düsseldorf vom 11.12.1968, HStAD

[144]   Vernehmung des Willi Junge vom 19. Mai 1945 durch das Kriminalamt der Polizeidirektion Weimar, HStAW, Bestand Geheime Staatspolizei, Sign. 1

Bieblach. Auf Anordnung von Schröder mussten diese nach Bürgel zurück und meldeten sich am 07.04.1945 bei Schröder in der Eisenbergstraße. Diese wurden auf 2 Züge verteilt. In dem 1. Zug befanden sich unter anderem 3 Russen aus dem Arbeits- und Erziehungslager Römhild. Der 2. Zug stand unter der Leitung des Kriminalobersekretär Ehrlich, Leiter der Außenstelle Gotha. In Bürgel, wo sich zu diesem Zeitpunkt auch noch der Kriminalkommissar Ritter befand, wurden weitere 5 Personen aus nicht bekanntem Grund erschossen, die zuvor von Gestapomitarbeitern auf Befehl von Ritter bewacht werden sollten.[146]

[145] Zeugenaussage Walter Jahn vor dem Untersuchungsrichter III beim Landgericht Düsseldorf vom 11.12.1968, HStAD

[146] Vernehmung des Willi Junge vom 19. Mai 1945 durch das Kriminalamt der Polizeidirektion Weimar, HStAW, Bestand Geheime Staatspolizei, Sign. 1

11. Die Außenstellen der Geheimen Staatspolizei im NS-Gau Thüringen

Die Außenstellen wurden 1937, nach mehreren dringlichen Schreiben über den Bedarf durch den Chef der Sicherheitspolizei an den Reichsstatthalter in Thüringen entschieden. Notwenig werdende Planstellen waren bei dem Reichsfinanzminister zu beantragen. Die Personalbesetzung wurde genehmigt, wie man sie auch beantragt hatte. Die Beamten der Außendienststellen waren abgeordnete Beamte der Dienststelle in Weimar zur Erledigung bestimmter Spezialaufträge ohne Zuweisung eines festgelegten räumlichen Zuständigkeitsbereiches. Sie waren außer in ihrem engeren Dienstbereich im ganzen Gau Thüringen zuständig. Der Schriftverkehr der Außendienststellen ging grundsätzlich über die Dienststelle in Weimar. Ausgenommen hiervon waren dringende Haftsachen, Ein Schriftverkehr außer mit der Staatspolizeistelle Weimar hatte nicht zu erfolgen. Dienstvorgesetzter war der Leiter der Staatspolizeistelle Weimar. Die Außendienststellen, wirtschaftlich der Staatspolizeistelle Weimar unterstellt, gehörten kassenmäßig zur Polizeikasse des Polizeipräsidiums Weimar.[147]

Gera

Als Grund für die Errichtung der Außendienststelle in Gera wurde die schärfere Bekämpfung des Marxismus in Ostthüringen sowie die Überwachung und Bekämpfung der Ernsten Bibelforscher angegeben. Die Gestapo in Gera befand sich zuerst im Stadthaus Gera in der Zeppelinstraße 4, und ab Mitte 1938 in der Adelheidstraße 51. Der Leiter war zum Zeitpunkt der Genehmigung zur Errichtung Kriminalsekretär Otto Eberhardt, der als Sachbearbeiter für politische

---

[147]   Schneider, S. 88f.

Strafsachen bei der Staatlichen Kriminalpolizei in Gera tätig gewesen war. Insgesamt arbeiteten 5 Beamte der Kriminalpolizei aus Weimar und Gera in der Außendienststelle in Gera. Ab 1940 war die Außendienststelle für alle Vorgänge auf staatspolizeilichen Gebiet in den Stadt- und Landkreisen Gera und Altenburg zuständig. Ab 194 war sie auch zusätzlich für den Landkreis Schleiz zuständig. Die Außenstelle konnte darüber entscheiden, ob ein Vorgang von Beamten der Gestapo bearbeitet oder an die zuständige Kreis- oder Ortspolizeibehörde weitergeleitet wurde.[148]

Ohrdruf/Gotha

Die Außendienststelle in Ohrdruf sollte der Überwachung des Truppenübungsplatzes dienen, der durch dauernde und starke Belegung auch den verschärften Einsatz von Abwehrbeamten verlangte. Die Errichtung war notwendig wegen den Maßnahmen zur Bekämpfung von Spionageversuchen und den dauernden, begründeten Forderungen der Wehrmacht. Mit Wirkung vom 15.10.1937 wurde die Außendienststelle Ohrdruf nach Gotha, Erfurter Straße 2 in das Dienstgebäude der Polizeidirektion Gotha verlegt. Der Leiter war Kriminalsekretär Schulze. Der Zuständigkeitsbereich erstreckte sich auf Gotha, Eisenach und Meiningen sowie die Stadtkreise Gotha und Eisenach. Besetzt war die Stelle mit 5 Mitarbeitern und dem Leiter. In der Außenstelle herrschte ein bestehender Mangel an Personal, weshalb gebeten wurde Aufgaben von der Kriminalpolizei Gotha wahrzunehmen.[149]

---

[148]   Schneider, S. 89f.
[149]   Schneider, S. 90f.

Jena

Zur Außenstelle Jena ist wenig überliefert. Diese Dienststelle wurde spät, am 01.01.1944 eingerichtet. Kriminalinspektor Albert Schulz wurde als Leiter beauftragt, am 01.08.1944 wurde er aber zur Außendienststelle Gera versetzt, wo er bis Kriegsende verblieb. Die Außendienststelle Jena befand sich im Gebäude des Amtsgerichts Jena in der Kaiser-Wilhelm-Straße 2. Dort arbeiteten die Kriminalsekretäre Erwin Weißheit als Leiter und Erwin Walther als Vertreter, der Kriminalangestellte Albert Hahn und die 21jährige Sekretärin Marianne Zinke.[150]

Suhl

Die Stadt Suhl gehörte zum preußischen Regierungsbezirk Erfurt und wurde staatspolizeilich bis zur Auflösung der Staatspolizeistelle Erfurt durch eine Außenstelle betreut. Nach dieser Suspendierung gehörte die Außendienststelle zur Staatspolizeistelle Weimar. Mitarbeiter der Außenstelle waren 4 Mitarbeiter und der Leiter Weißheit. Letzter Leiter war der Karl Zenker, der zuvor Mitarbeiter bei der Außenstelle in Gera war. Zeitweilig waren 2 Mitarbeiter mehr beschäftigt.[151]

Sömmerda

In der Stadt Sömmerda bestand von 1935-1941 eine Außenstelle der Staatspolizeistelle Erfurt. Vermutlicher Dienstsitz war das Rathaus Sömmerda. Die personelle Besetzung lag bei ein bis zwei Beamten. Leiter war der ehemalige Schutzpolizeibeamte Fritz Fischer. Hauptgrund für die Einrichtung waren die abwehrpolizeilichen Aufgaben zum

---

[150]   Schneider, S. 91
[151]   Schneider, S. 91f.

Sömmerdaer Rüstungsbetrieb Rheinmetall. Schwerpunkte der Tätigkeit der Gestapo in Sömmerda waren die ausländischen Arbeitskräfte, Zwangsarbeiter, Kriegsgefangene und KZ-Häftlinge.[152]

Nordhausen

Eine Einrichtung der Geheimen Staatspolizeistelle in Nordhausen bestand bereits vor 1944. Im September 1944 wurde Nordhausen dem Staatspolizeiamt Weimar unterstellt und somit zur Außenstelle. Im Januar oder Februar 1944 wurde die Dienststelle personelle verstärkt. Dem Leiter Bruno Schüppenhauer unterstanden 3 Mitarbeiter. Die Außenstelle hatte Ende 1944 Zweigestellen in Niedersachsenwerfen, Woffleben, in der Boelcke-Kaserne, im Außenlager KZ Mittelbau und im Lager Mittelbau-Dora.[153]

Außendienststelle beim SS-Führungsstab SIII

Zu diesem SS-Führungsstab ist bisher wenig bekannt. Die Bezeichnung S III ist die Tarnbezeichnung für das Sonderbauvorhaben im Jonastal zwischen Crawinkel und Arnstadt, dass vom KZ Buchenwald abgetrennt worden war und ein eigenständiges Lager wurde. Mitarbeiter waren der Leiter Hans Opelt, Robert Herbst und Reinhard Hoffmann von der Berliner Gestapo, Albert Rückbeil, Georg Knöll aus Frankfurt/Main, Lydia Auer und vier weitere Beschäftigte. Weiter waren insgesamt 22 Wachmänner tätig.[154] Weitere Dienststellen der Gestapo in Thüringen waren die Gestapoaußenstelle Erfurt ab 1942, die Politische Abteilung des KZ Buchenwald und das Arbeitserziehungslager Römhild.

---

[152]   Schneider, S. 92f.
[153]   Schneider, S. 93
[154]   Schneider, S. 93f.

Diese Abschnitte werden wegen der Länge der Hausarbeit nicht beschrieben. [155]

12. Das Thüringer Gestapopersonal nach dem Krieg[156]

12.1. Gestapostellenleiter in Erfurt

Alexander Orgler
Das Nachkriegsschicksal ist unbekannt.
Dr. Friedrich Coester
Das Nachkriegsschicksal ist unbekannt.
Dr. Hans Fischer
Das Nachkriegsschicksal ist unbekannt.
Dr. Erich Isselhorst wurde 1948 von einem französischen Militärgericht zum Tode verurteilt und am 23.02.1948 in Straßbourg durch Erschießen hingerichtet.
Willy Thorn vertrat nach dem Krieg, noch im Oktober 1966, als Rechtsanwalt in Diez „Ehemalige“ in 131-Verfahren.[157]
Dr. Walter Hammer war in sowjetischer Kriegsgefangenschaft. Dort hatte er sich erfolgreich unter falschem Namen als Sonderführer ausgegeben. Nach seiner Rückkehr nach Deutschland lebte er vorerst unbehelligt unter seinem richtigen Namen und half seiner Ehefrau in deren kleiner Bäckerei. Auf Grund eines Haftbefehls des Amtsgerichts Tiergarten wurde Walter Hammer am 04.05.1965 bezüglich seiner Tätigkeit als Leiter EK II der Einsatzgruppe 4 in Polen in Untersuchungshaft genommen, insbesondere wegen der Erschießungen in Bromberg. Er wurde jedoch im November 1965 wieder auf freien Fuß gesetzt und das Verfahren gegen ihn wurde wegen Mängels an

---

[155]   Schneider, S. 96ff.
[156]   Schneider, S. 327ff.
[157]   Schneider, S. 473.

Beweisen 1971 eingestellt. Hammer wohnte anschließend in Altenerding, Hofmarktplatz 7.

Dr. Hans-Wilhelm Blomberg wurde im August 1946 auf der Festung Bergenhus erschossen.

Gerhard Friedrich Ernst Flesch wurde von einem norwegischen Gericht angeklagt, weil r dem Kommandanten des KZ Falstad den Befehl gegeben hatte, drei Juden zu erschießen. Er wurde am 8.0.1948 in Trondheim/Norwegen hingerichtet.

Jacob Margardt
Das Nachkriegsschicksal ist unbekannt.

12.2. Gestapostellenleiter in Weimar

Dr. Walter Ortlepp verstarb am 23.10.1971 71jährig in Aschaffenburg. Er wurde wegen seiner Gestapo-Leiter-Tätigkeit nicht belangt, als Leiter des Thüringischen Staatsministeriums des Innern jedoch im Mai 1945 von den US-Besatzungstruppen in Plauen festgenommen und in verschiedenen Internierungslagern zuletzt in Ludwigsburg interniert. Im Spruchkammerverfahren wurde er als Hauptschuldiger zu vier Jahren Arbeitslager verurteilt aber bereits im August 1948 vorläufig entlassen. Ortlepp arbeitet ab 1962 als Rechtsanwalt in Aschaffenburg.

Max Rausch soll im Mai 1947 in Brünn im Hof des Kriegsgerichtsgefängnisses hingerichtet worden sein, anderen Angaben zufolge 1948.

Dr. Ludwig Hermann Karl Hahn tauchte nach dem Krieg unter falschem Namen unter. 1949 nahm er wieder seinen richtigen Namen an und arbeitet als Direktor eines Versicherungsunternehmens. Von Juli 1960 bis Juli 1961 war Hahn erstmals in Haft. Er wurde im Dezember 1965 erneut festgenommen, aus Gesundheitsgründen aber nach zwei Jahren abermals freigelassen. Am 5 Juni 1973 erfolgte vom

Landgericht Hamburg eine Verurteilung zu zwölf Jahren Haft. Am 4. Juli 1975 erfolgte eine erneute Verurteilung durch das Landgericht Hamburg wegen der Beteiligung an der Deportation der Warschauer Juden zu lebenslanger Haft. Dr. Hahn ist am 10. November 1986 verstorben. Seine Tätigkeit als Leiter der Staatspolizeistelle Weimar spielte bei den Verfahren gegen ihn keine Rolle.

Erich Möller

Das Nachkriegsschicksal ist unbekannt.

Dr. Rudolf Lange beging direkt vor der Kapitulation der deutschen Truppen in der Zitadelle Posen am 22./2.02.1945 Suizid durch Erschießen.

Wilhelm Bluhm ist im Juli 1943 während des auswärtigen Einsatzes gefallen.

Gustav vom Felde ist bei einem Bombenangriff am 22.11.1943 in Berlin im Gebäude des RSHA ums Leben gekommen.

Reinhard Wolff wurde am 16.05.1945 in München von amerikanischen Behörden verhaftet. Er war u.a. in Oberursel interniert.

Rudolf Schröder sagte nach dem Krieg vor Gericht als Zeuge aus und belastete den HSSPF von dem Bach in einer Zeugenaussage von 1961 zu Judenerschießungen in Bialystok, bei der er selbst Augenzeuge war. Er selbst wurde am 13.11.1962 vom Schwurgericht Paderborn wegen Beihilfe zum Totschlag zu 1 Jahr Gefängnis verurteilt. Das Urteil war rechtskräftig seit dem 20.02.1963. Er wohnte 1966 in Reichenberg, Kreis St. Goarshausen, Haus Nr. 16.

Hans-Helmut Wolff

Der letzte Leiter der Staatspolizeistelle Weimar hat während seiner ersten Haft im Internierungslager in Oberursel am 12.12.1945 umfangreich zu seiner Tätigkeit als Kommandeur der Sicherheitspolizei und des SD in Thüringen 1945 ausgesagt und dazu eine mehrseitige eidesstaatliche Erklärung abgegeben. Diese Erklärung war später die Grundlage für ein großes Strafverfahren zu den Thüringer Kriegsendphasenverbrechen. Die Ermittlungen richteten sich zuerst gegen Wolff, welcher am 01.08.1969 vor Abschluss der staatsanwaltlichen Ermittlungen verstarb. Später richteten sich die Untersuchungen gegen die Abteilungsleiter in Weimar Gerhard Kretschmer und Friedrich Fischer. Dieses Verfahren wurde im April 1973 eingestellt und die Angeschuldigten außer Verfolgung gesetzt. Aus der Haft im Kriegsgefangenenlager Dachau gelang ihm im Oktober 1947 die Flucht. Wolff wollte nach Amerika auswandern, wurde aber in Südtirol erneut festgenommen und über Österreich nach Lindau abgeschoben, ohne inhaftiert zu werden. Von dort begab er sich unter dem falschen Namen Kuhnke nach Düsseldorf. Er fand dort bei einer englischen Einheit Arbeit, zunächst als Kraftfahrer, dann als Dolmetscher und schließlich als Leiter des Personalbüros. 1950 wurde er Fremdsprachenkorrespondent bei einer Firma für Kohle, Papier und Farbbänder. Zum 01.01.1954 trat er als Geschäftsführer bei einem Konkurrenzunternehmen ein, in der er seit 1956 Komplementär war. Gegen Hans-Helmut Wolff wurde am 06.04.1957 vom Amtsgericht Düsseldorf Haftbefehl erlassen. Er wurde am 11.08.1964 festgenommen. Während der Festnahme sagte Wolff dem festnehmenden Kommissar, dass er sich nach wie vor zur SS bekenne.

12.2.1. Vertreter der Gestapostellenleiter in Weimar

Wilhelm Boening
Das Nachkriegsschicksal ist unbekannt. Er wurde alut Mitteilung des Einwohnermeldeamtes Jade mit Beschluss des Amtsgerichts Varel aus dem Jahr 1960 für tot erklärt.

Dr. Egon Kulzer
Das Nachkriegsschicksal ist unbekannt.
Fritz Rausch ist am 29.08. 1953 in München verstorben. Er blieb nach dem Krieg unbehelligt.

12.2.2. Abteilungsleiter der Gestapostelle in Weimar

Detlef Brodersen war von Juni 1945 bis November 1947 in britischer Internierungshaft.
Robert Weyland
Das Nachkriegsschicksal ist unbekannt.
Alfred Lindner
Das Nachkriegsschicksal ist unbekannt.
Dr. jur. Johann Heinrich Koenen befand sich in amerikanischer Internierungshaft. Im Juli 1947 wurde er nach Recklinghausen verlegt. Die Spruchkammer Bielefeld verurteilte ihn zur Zahlung von 2000 DM. Koenen wohnte später in Köln-Riehl und ist am 06.07.1967 in Köln als Kriminalrat a.D. 60jährig verstorben.
Lehmkühler
Das Nachkriegsschicksal ist unbekannt.
Ludwig Hüttig wurde am 03.05.1945 in Thüringen von den Amerikanern festgenommen. Er kam zunächst nach Eger und dann nach Jena, wo er nach eigenen Angaben umfangreich vernommen wurde. Bis zum 10.06.1948 war er interniert, zuletzt in Ludwigsburg. Dort wurde er als Mitläufer entnazifiziert. Gegen Hüttig liefen mehrere Strafverfahren, u.a. war er auch Angeklagter im Ehrlinger-Verfahren, dieses wurde aber eingestellt. Wegen seiner Tätigkeit bei der Gestapo im NS-Gau Thüringen blieb er unbehelligt. IM Strafverfahren gegen Eißfeld und Lorenz wurde er mehrfach als Zeuge gehört. Zu dieser Zeit arbeitet er als kaufmännischer Angestellter der „Argona-Beilstiftfabrik in Kronach. Dort brachte er mehrer ehemalige Gestapo-Beamte unter, auch den

letzten Leiter der Kriminalpolizei Nordhausen, Andreas Schmidt.

Friedrich Fischer hatte sich bei Kriegsende in der Nähe von Saalfeld verborgen gehalten und war dann von den Amerikanern festgenommen worden. Er war von Juni 1945 bis März 1948 in verschiedenen Internierungslagern. Seine Entnazifizierung fand in Sandbostel statt. Im Spruchkammerverfahren in Hamm wurde er freigesprochen. Ab 1948 arbeitet Fischer als Waldarbeiter, später als Putzer. Seit dem 01.10.1955 war er wieder im Kriminalpolizeilichen Dienst als Kriminalobersekretär bei der Oberkreisdirektion Dinslaken, später Wuppertal. 1960 wurde er zum Polizeihauptmeister, später zum Kriminalkommissar befördert. Am 23.02.1968 wurde er vom Untersuchungsrichter I des LG Düsseldorf als Zeuge im Verfahren gegen Wolff u.a. vernommen, damals wohnte er in Wuppertal, Augustastrasse 141. Später wurde er in diesem Verfahren angeschuldigt. Das Verfahren gegen Fischer wurde 1973 eingestellt. Friedrich Fischer ist 73jährig am 17.05.1978 in Wuppertal verstorben.

Jakob Lölgen war nach 1945 Leiter der Kriminalpolizei Trier. Wegen Massenvernichtungsverbrechen durch die Einsatzgruppen, der Erschießung von etwa 350 Angehörigen der polnischen Intelligenz des so genannten Westmarkverbandes des EK 16 in Bromberg wurde er vor dem LG München I angeklagt. 1966 wurde er wegen Befehlsnotstand freigesprochen. Dieses Urteil wurde 1966 vom BGH bestätigt.

Gerhard Kretschmer war Angeschuldigter im Verfahren der Staatsanwaltschaft Düsseldorf wegen der Kriegsendphasenverbrechen in Weimar. Das Verfahren wurde eingestellt.

Heinrich Lorenz trug bis 1949 den falschen Namen Lohmann, erst durch Drohungen seiner ersten Ehefrau, die noch in Ilmenau wohnte, ihn zu verraten, hat Lorenz seinen richtigen Namen offenbart. Er war zwar nach dem Krieg nie in Internierungshaft, aber zusammen mit dem ehemaligen Leiter des Judenreferats, Waldemar Eißfeld, angeklagt worden. Das Verfahren der Staatsanwaltschaft Darmstadt wurde 1960 eingestellt. Lorenz war aber während des Verfahrens in Untersuchungshaft.

Herbert Wölk ist 1949 von einem Gericht in Den Haag zu 20 Jahren Freiheitsstrafe verurteilt, weil er in Rotterdam sieben Exekutionen anordnete, denen 66 Menschen zum Opfer fielen. Im wurde weiter vorgeworfen, im Rahmen der so genannten Silbertanne-Aktion zwei Erschießungen sowie die weitere Tötung von 6 Menschen als Repressalie angeordnet zu haben. Wölk wurde bereits 1957 nach Deutschland abgeschoben.

Fazit

Das breite Betätigungsfeld der Gestapo in allen Bereichen der nationalsozialistischen Gesellschaft und die breite Akzeptanz ihrer Ordnungspraktiken durch eine Denunziationsgesellschaft, die ihre unbeliebten Mitglieder „ans Messer lieferte", machen einiges klar: Die Gesellschaft ist gegenüber dem Staat nicht als bloßes Opfer anzusehen, sondern als gleichberechtigter Akteur.[158] Diese Realität muss auch in Erfurt und am Landtag akzeptiert werden. Trotzdem kann aufgrund der Quellenlage nur rudimentär die Frage nach der aktuellen Forschungsfrage, ob alle Deutschen Täter waren, geklärt werden. Die aktuellen Forschungsfragen, klären dass Bild Hinsichtlich der Täter im Amt und bemerken nur am Rand die Denunziationsbereitschaft der Gesellschaft, besonders in Konzentrationslagern und unter Ausländern und Zwangsarbeitern. Es konnte aber die Struktur der Behörde mit Stand von 1937 geklärt werden, wie viele Personen in der Zeit des Bestehens dort gearbeitet haben und was ihre Tätigkeit war. Es wurde auch eindeutig der allgemeine Forschungsstand über die Verselbstständigung der Behörde und ihre frühere Beteiligung an der Regierung des Gaues Thüringen bewiesen werden. Regionale Besonderheiten sind insbesondere der rege Personalwechsel an der Spitze der Behörde und die Abordnung in den auswärtigen Einsatz, der zu einer Übernahme der Vernichtungspraktiken dann an der Heimatfront führte. Beispiele für die Arbeit wurden umfangreich nachgewiesen, auch dass die Gestapo mit einem Netz von Außenstellen flächendeckend arbeitet. Die Forschungsfrage, ob die Verwaltung nicht spezifisch nationalsozialistisch war, oder doch, kann nicht geklärt werden. Zum einen wurden erfahrene Beamten eingesetzt, zum anderen waren sie Weimarer Berufsbeamte und alle

---

[158]   Mallmann/Paul, S. 649f.

Parteimitglied und in der SA, SS oder ihm Stahlhelm. Umfangreich wurde die Frage, nach den Karrieren der Leiter der Staatspolizeistelle Erfurt seit 1933 beantwortet, hier war die Arbeit von Schneider eine große Hilfe. Fast lückenlos hat er die NS-Karrieren und ihre Dienstgrade sowie ihre auswärtigen Einsätze mit Beteiligung an Verbrechen herausgefunden, wie die Beteiligung von Dr. Hahn an der Vernichtung der Juden aus dem Warschauer Ghetto. Zum Sitz der Gestapo konnte kaum Neues herausgefunden werden, es wurden aber alte Daten bestätigt. Der Umstand, dass die Gestapo den Landtag in Thüringen mitgebaut, finanziert und als Sitz genutzt hat, wurde Rechnung getragen. Die Daten sind aber schon bekannt, und werden durch eine permanente Ausstellung im Gebäude des Landtages berücksichtigt. Aufgrund der Suspendierung der Staatspolizeistelle Erfurt mit Wirkung zum 01. Juli 1941 war auch die Staatspolizeistelle Weimar für die Arbeit interessant. Der Forschungsstand ist hier aber nur im Werk von Schneider berücksichtigt. Auch aufgrund der Länge der Arbeit wurde nur wenig übernommen, um eine Gesamtdarstellung zu erhalten. Forschungsdaten des neueren Standes sind, dass die Mannschaft, die von 1933 bis 1945 als Gestapo Thüringen mit seinen Außenstellen, aus 501 Personen, sowohl Männer als auch Frauen bestand. Neu ist auch wie die Stelle aufgelöst wurde, dass andere Dienstbeamte in der Stelle präsent waren und dort schlafen mussten. Die Frage, wie mit den Tätern nach 1945 umgegangen wurde konnte nur teilweise geklärt werden, da zu einer großen Anzahl von Mitarbeitern keine Daten vorliegen. Auch war das Vorgehen der Justiz, was Ermittlungen anging eher spät erfolgreich, aber die Täter wurden meistens nicht verurteilt, sondern nur in Einzelfällen. Besonders die Alliierten haben sich mit Hinrichtungen an Tätern direkt nach dem Krieg hervorgetan. Kaum ein Täter ist im Krieg gefallen, die meisten haben bis 1970 gelebt und sogar wieder in der

Kriminalpolizei in Westdeutschland arbeiten können. Posthum sollte hier eine Korrektur vorgenommen werden, sonst muss die Forschungsthese, dass alle Deutschen Täter sind, auch mit dieser Arbeit bestätigt werden. Es sollten zumindest Anstrengungen unternommen werden, die fehlenden Nachkriegsschicksale der Leiter der Erfurter und Weimarer Gestapo zu klären.

Quellenverzeichnis:

Hauptstaatsarchiv Dortmund
Hauptstaatsarchiv Weimar
Bundesarchiv Koblenz, Außenstelle Potsdam
Thüringisches Hauptstaatsarchiv Weimar - Polizeikasse
Thüringisches Staatsarchiv Gotha - Regierung zu Erfurt
(Präsidialbüro, Politische Angelegenheiten und Polizei,
Hochbauverwaltung) - Bezirksgericht Erfurt
(Staatsanwaltschaft beim Landgericht Erfurt,
Staatsanwaltschaft beim Sondergericht Erfurt) -
Staatshandbücher Preußen (Jahr 1934, Jg. 138, Jahr 1935, Jg.
139, Jahr 1938, Jg. 140, Jahr 1939, Jg. 141)
Stadtarchiv Erfurt - Einwohnermeldebuch 1939/40

Literaturverzeichnis:

Klaus- Michael Mallmann / Gerhard Paul (Hrsg.), Die
Gestapo im Zweiten Weltkrieg, ‚Heimatfront' und besetztes
Europa, Darmstadt 2000.
Altmann / Berndt, Grundriss der Führungslehre 2, Führen in
der Organisation, Schmidt/Röhmhild, 3. Auflage 1994.
Gerhard Paul / Klaus- Michael Mallmann (Hrsg.), Die
Gestapo – Mythos und Realität, Primus- Verlag 1996.
Guido Derssel, Quellen zur Geschichte Thüringen – Band 4 –
Wahlen und Abstimmungsergebnisse 1920 – 1995,
Landeszentrale für politische Bildung Thüringen.
Hans- Joachim Heuer, Geheime Staatspolizei- Über das Töten
und die Tendenz der Entzivilisierung, De Guyter Verlag 1995.
Jürgen John (Hrsg.), Quellen zur Geschichte Thüringen Band
3, 1918 –1945, Landeszentrale für politische Bildung
Thüringen
Rupert Butler, Illustrierte Geschichte der Gestapo,
Bechtermünz Verlag, Augsburg 1996.

Fachhochschule für Verwaltung und Rechtspflege Berlin (Hrsg.), Verwaltung im Nationalsozialismus, VAS Verlag für Ausbildung und Studium in der Elefanten Press, Berlin 1987.

O. C. Giles, The Gestapo, Oxford Pamphlets on world Affairs No. 36, Oxford at the Clarendon Press, Oxford 1940.

Friedrich Wilhelm, Die Polizei im NS-Staat – die Geschichte ihrer Organisation im Überblick, Schöningh, Paderborn, München, Wien, Zürich 1997.

Christoph Graf, Politische Polizei zwischen Demokratie und Diktatur, Collioquium Verlag, Berlin 1983.

Andreas Theo Schneider, Die Geheime Staatspolizei im NS-Gau Thüringen, Geschichte, Struktur, Personal und Wirkungsfelder, Verlag für Polizeiwissenschaft, Frankfurt 2008.